地域批評シリーズ⑫

これでいいのか
東京都 葛飾区

まえがき

こんなことを葛飾区民にいうと怒られそうだが、多くの東京都民にとって、葛飾区は大変謎深き、正体の知られていない地味な土地である。それは、区のイメージが、少なくとも他区市に住む人からしてみれば曖昧で、なんとなく「下町情緒がありそう」なんて思われている程度だからだ。これも『男はつらいよ』『こちら亀有公園前派出所』で「そう描かれていた」からそうなんじゃないの？というレベルである。しかしこれも、ちょっと歴史に詳しい人からすれば「下町ってのは今の中央区から台東区、墨田区あたりで江戸市外の葛飾なんてただのイナカ」となる。これは純然たる事実で、正統派の認識からすれば当たり前の話だ。

つまり、葛飾区には象徴となる確固たるシンボルが非常に少ないのである。お隣の足立区には、ビンボーだとかヤンキーばかりだとかあんまりありがたくないものではあるが、確固たるイメージがあるし、北千住駅の存在感は圧倒的だ。対して葛飾区には、いわゆるターミナル駅が存在しない。実際、取材中に話を聞いた葛飾区民たちも「葛飾区ってひとことでいうとなに？」という質問に「えーと下町？」と、最後に「？」が付いてしまうことが多かった。葛飾区と同じく地味なイメージをもたれている北区や荒川区が「赤羽！　王子!!」「日暮里！　荒川遊園!!」と返してくるのとは対照的である。

本書は、2008年に発行した『日本の特別地域②東京都葛飾区』を元に、時に区民ですらうまく説明をすることができない葛飾区の「正体」を探る一冊である。なぜ葛飾区にはターミナル駅が生まれなかったのか。本当の葛飾区民とはどのような人々で、どのような生活をしているのか。なぜ、下町じゃないのに下町っぽいのか。なぜ、葛飾区には確固たるイメージがなく、良くも悪くもビミョーになってしまったのか。実はすごいものを隠し持っているんじゃないの？　などなどの疑問を解消していこう。

同時に、近年葛飾区に起こっている変化についても目を向けた。全国的に人口が減少する中、東京都の人口はかなり増えている。これに合わせてか葛飾区でも遅ればせながら再開発は進んでいる。こうした変化はどのくらい進んでいるのか。その成果と問題点を見ながら、葛飾区の未来像も考えてみたい。

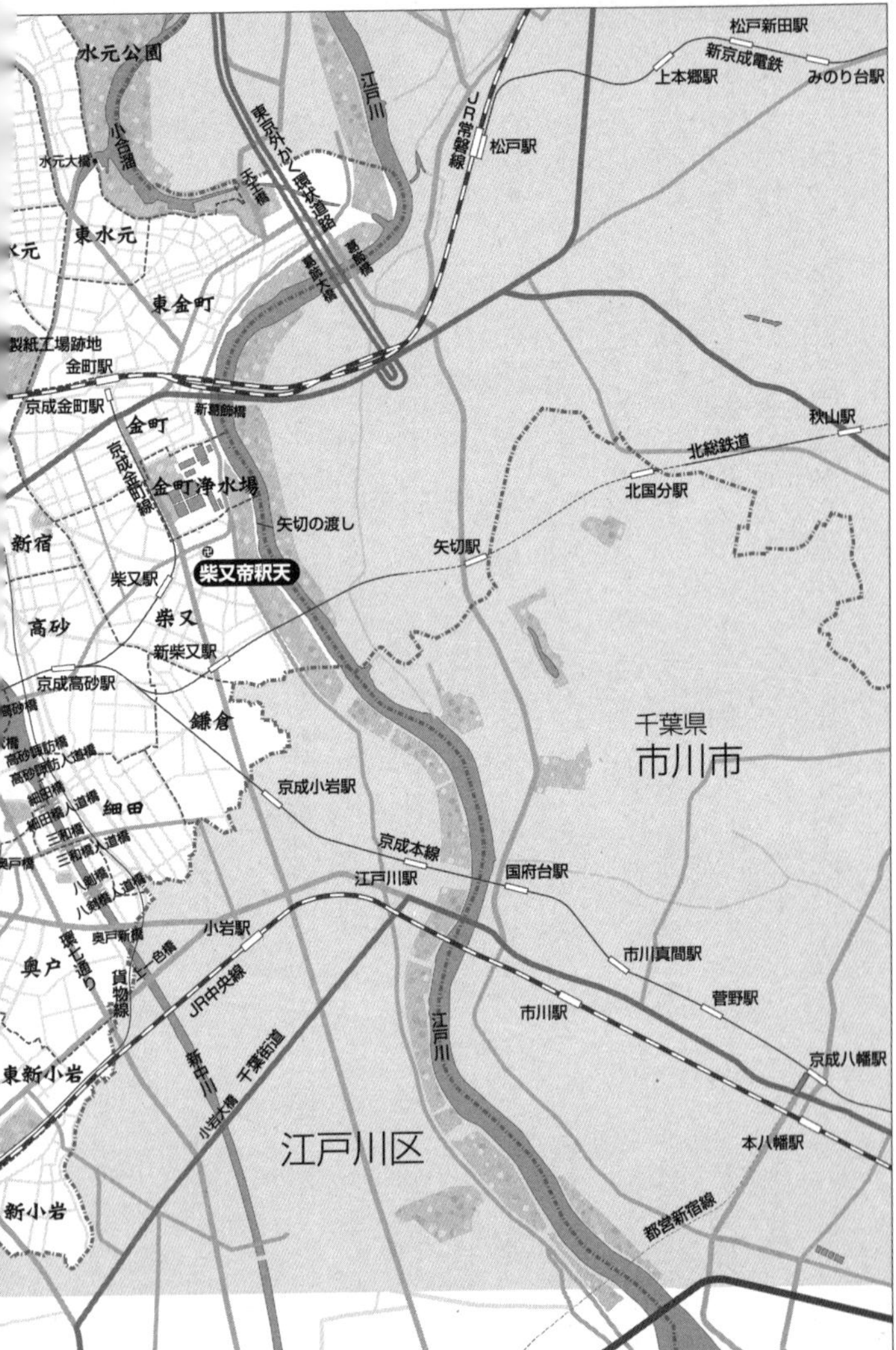

水元公園
江戸川
東京外かく環状道路
JR常磐線
松戸駅
松戸新田駅
新京成電鉄
上本郷駅
みのり台駅
小合溜
水元大橋
天王橋
東水元
葛飾大橋
葛飾橋
東金町
製紙工場跡地
金町駅
京成金町駅
新葛飾橋
金町
京成金町線
金町浄水場
矢切の渡し
新宿
柴又帝釈天
柴又駅
柴又
高砂
新柴又駅
京成高砂駅
鎌倉
矢切駅
北国分駅
北総鉄道
秋山駅
千葉県
市川市
京成小岩駅
京成本線
江戸川駅
国府台駅
細田
三和橋
八剣橋
奥戸
奥戸新橋
一之橋
小岩駅
環七通り
貨物線
JR中央線
市川真間駅
菅野駅
市川駅
京成八幡駅
本八幡駅
東新小岩
新中川
千葉街道
小岩大橋
江戸川区
都営新宿線
新小岩

葛飾区地図

葛飾区
足立区
荒川区
台東区
墨田区
六丁駅
つくばエクスプレス
加平
北綾瀬駅
首都高速6号三郷線
青井駅
梅島駅
東武伊勢崎線
五反野駅
環七通り
亀有駅
亀有
綾瀬駅
JR常磐線
中央環状線
千住新橋
小菅駅
東京拘置所
小菅JCT
小菅
東堀切
お花茶屋
白鳥
お花茶屋駅
堀切菖蒲園駅
北千住駅
地下鉄千代田線
牛田駅
京成本線
堀切橋
堀切
宝町
京成関屋駅
堀切駅
町屋駅
千住大橋駅
葛飾区役所
立石
京成立石駅
四つ木
四ツ木
南千住駅
鐘ヶ淵駅
四ツ木橋
新四ツ木橋
木根川橋
四ツ木駅
東立石
東四つ木
八広駅
水戸街道
東武伊勢崎線
東向島駅
京成押上線
向島
首都高速6号三郷線
隅田川
荒川
西新小岩
三ノ輪駅
つくばエクスプレス
曳舟駅
京成曳舟駅
中川
平井大橋
浅草駅
西水元
中川
青戸

葛飾区の基礎データ

国	日本
地方	関東地方
都道府県	東京都
団体コード	13122-9
面積	34.84km2 ※境界未定部分あり
総人口	455,228 人 (推計人口、2016 年 6 月 1 日) 13,066 人 /km2
隣接自治体	足立区 江戸川区 墨田区 千葉県松戸市 埼玉県三郷市、八潮市
区の木	シダレヤナギ
区の花	ハナショウブ
葛飾区役所 所在地	〒124-8555 葛飾区立石五丁目 13 番 1 号
電話番号	03-3695-1111

※ 2016 年 6 月現在推計　葛飾区ホームページより

第１章
葛飾区の歴史は 武士と江戸っ子でできている！

葛飾区の歴史は海中から始まり武者の大地に

ずっと海の中にあった葛飾区

葛飾区に人類の痕跡が現れるのは縄文時代。といいたいのだが、実はこれが非常に疑わしい。実はこの時期、葛飾区はほとんどが海の底に沈んでいたのだ。確かに縄文土器が葛飾区内から出土はしているのだが、これは川伝いに上流の集落から流れてきた「ゴミ」ではないかというのが大方の予測。葛飾区の歴史を話すには、このパッとしない話から始めないといけないのが残念なところである。

さて、「じゃあいつ陸地になったのよ」という時期は弥生時代の終わり頃だ。弥生時代の終わりというと西暦２００年代。現在の江戸川や中川、荒川の祖先に当たる川が運んできた砂が堆積し、海が陸地へとなっていったのがこの時期だ。しかし、陸地になったのは青戸・柴又の一部分くらいで、南部地域はまだ海。つまり、葛飾区はおおよそ１８００年程度しか歴史がないという、わりと「新興地」だったのである。

しかし、新興住宅地が瞬く間に人気をさらっていくのは今も昔も似たようなもの。弥生時代が終わり、古墳時代に入ると葛飾区（実際は柴又や青戸近辺だけだけど）には大規模な集落が出現。古墳時代も後期になると、「住宅地」は奥戸や立石にまで拡大し、高度な社会活動が行われていたことのシンボルである古墳も作られた。この古墳に収められている石棺には、房総半島南部産出の素材が使われているなど、すでに関東一円に跨がる大きな商業圏・文化圏が構築されていたのである。

おそらく、この地を支配していたのは古の「アズマエビス」。つまり東日本の地方勢力だろう。彼らの実態はあまりよくわかってはいないが、古墳を作るくらいだからかなり進んだ人達だったはず。この地に西の「ヤマト政権」の手が伸びてくるのは、この後数百年の時を要することになる。

「葛飾郡」は千葉だった？

さて、葛飾区が文字に記録されるのは、関東がヤマト政権の軍門に降ってからの奈良時代。この時代は中国に倣った中央集権システムが導入され、葛飾は「下総国葛飾郡」という行政区に編入された。さて、ここで違和感があるだろう。そう、葛飾郡は「下総国」つまり現在の千葉県北部の一部だったのだ。東京は武蔵国。武蔵国と下総国の国境は現在の隅田川。つまり、葛飾区は元々千葉県のものだったのである。「だからなんなんだよ」という声が聞こえてくるが、とりあえずマメ知識である。

下総国というのは大スターを数多く生んだメジャーな土地だ。その代表格は板東平氏。つまり後の鎌倉武士の主力メンバー達である。

平安時代に入ると、律令制の中央集権システムは崩れ、各地に武士団が発生する。その代表格が、葛飾の南の上総国にやってきた桓武天皇の孫、高望王。すなわち「平高望」。武家平氏ほとんどの始祖である。

高望と息子達は、上総（千葉県南部）から下総、常陸（茨城県）にわたる広大な土地を開墾。おそらく、古墳時代に大きな勢力をもっていた土着勢力と同盟関係を結び、「平氏武士団」という連合勢力を築いていったのだろう。

関東地方に広大な勢力圏を築いた平氏一党は、高望の息子や孫の代になると一族の中で抗争をはじめる。中でも有名なものがあの平将門の乱だ。将門の乱が終わると、さらに再編が行われ、不思議なことに、将門の味方だった（もしくは将門討伐に消極的だった）高望王の五男良文（つまり将門の叔父）の子孫が関東各地を支配することになる。

で、葛飾を支配した葛西氏もこの良文流。鎌倉幕府を作った関東武士団の主力中の主力、秩父平氏の一族だ（他の秩父系は畠山、江戸、川越、豊島など）。つまり、というには強引すぎるが、葛西氏の登場によって、葛飾は「秩父一族の勢力圏＝武蔵国の勢力圏→東京」に編入されるのだ！　相当強引な根拠付けであることは重々承知だが、とりあえずそういうことにしておきましょう。この話はもう少し詳しく解説と推測をしてみたいのだが、あまりに複雑なのでこのあたりで。

室町・戦国時代の葛西城は激戦地！

室町時代に入ると、青戸に葛西城が築かれる。この城を作ったのは上杉氏。上杉氏は室町（足利）幕府の関東支配機関である鎌倉府（長官は足利尊氏の四男、足利基氏の系統）を補佐する関東のナンバー2である（関東管領）。

関東を支配した「鎌倉公方（公方とは将軍の別称）」家は、尊氏の直系ということもあって独立心が強く、度々京都の足利将軍家と対立した。これを「まあまあ」となだめるナンバー2の上杉氏、という図式があったわけだが、これが鎌倉公方家と上杉管領家の対立につながってしまう。ついには鎌倉公方家と京都の幕府に支援される上杉管領家の戦いが発生し、敗れた鎌倉公方家は現在の茨城県古河市へ逃れ、「古河公方」となる。葛西城は、この古河・上杉戦線の最前線となったわけだ。

ナンバー1とナンバー2が大戦争を繰り広げているのだから、関東地方は両勢力に分かれて戦乱状態となる。京都の幕府もこの惨状を放置していたわけではなく、様々な介入を行う。そのひとつが伊勢新九郎盛時、つまり北条早雲の派遣である。

長らく、北条早雲は「氏素性定かではない素浪人」などといわれていたが、これは間違いであることが定説となっている。早雲の伊勢氏は、伊勢平氏の大勢力で幕府の高級官僚一族。伊勢平氏といえば、天下を取った「平家」を含む一族なので、素浪人どころか大名門の貴公子である。

幕府の重臣の一族であった早雲は、この関東騒乱を収めるために派遣されたわけだが、徐々に幕府のコントロールを離れ、独立勢力として拡大していく。3代目の北条氏康の頃には上杉氏をほぼ駆逐し、葛西城も北条氏の支配下に入る。この頃には古河公方家もかなり衰えており、関東騒乱の主役は北条氏と、越後上杉氏。越後上杉は、ご存じ上杉謙信の家。関東をたたき出された上杉氏が、越後の長尾景虎に上杉氏の名字と関東管領職を譲ってできた家である。

上杉謙信は上杉の名の下に、新興勢力である北条氏を排除して、関東管領家を再び関東の支配者にすべく戦争を起こす。これに古くからの関東勢力が参加するのだが、安房（千葉県南部）の里見氏もこれに加わった。

この、里見氏と北条氏の戦いが、葛西城周辺を舞台とした「国府台合戦」だ。

葛西城は北条氏の前進基地。柴又河川敷でも激しい戦いがあり、多数の槍・刀が出土している。2回にわたって行われた国府台合戦は激戦の末北条氏の勝利に終わり、葛西城はこれに大きな役割を果たしたのである。

このように、葛飾区は「武士の発生」と以降、将門の乱（には大して登場しないが）、戦国時代の始まりを告げた上杉氏の戦い、関東の覇者となった北条氏の拠点と、歴史上重要な役割を果たしてきた。23区の中では、これはかなり特異。23区の他の地域は、江戸時代に入るまでほとんど歴史的な事件の舞台になることはなかったのに対し、驚異的な登場回数である。何かと「地味」扱いされることの多い葛飾区だが、歴史的な重要性という意味では、23区の中ではかなり上位に存在する存在なのである。

大都会江戸を支える郊外・葛飾

一大生産・観光地として発展した江戸時代

江戸時代に入ると、現在の葛飾区のエリアは「江戸近郷の重要地域」になる。江戸市内は現在の荒川あたりまでで、葛飾区は市外だが、隣接した農業地域として、江戸の「食」を支える存在に位置づけられる。

そのもっとも象徴的な出来事は、葛飾区エリアが幕府の直轄地になり、千年近く所属した下総国から、江戸がある武蔵国に編入されたことである。葛飾区は、江戸幕府にとっても農業生産や江戸防衛のための重要な土地となったのだ。

江戸に隣接する農業拠点ということで、葛飾区エリアはかなり優遇された存在だった。相次ぐ河川の整備と新田開発で生産力は増大。葛飾にはかなり裕福な農家が多数繁栄するリッチな土地となる。

商業面でも繁栄した。交通の大動脈である水戸街道は、現在の足立区千住から発進し、葛飾区新宿で水戸街道と佐倉街道に分岐していた。つまり、葛飾区内に巨大ターミナルが存在したのである。また、金町・松戸間には関所があった。関所があるということは、トランジットで逗留する人もでてくる。つまり、金町周辺は、巨大な人だまりとなっていたのだ。旅行者が数多く集まるということは、それ相手の飲食や宿泊などの需要が生じる。江戸時代は参勤交代があり、毎年大名行列が江戸に向かうわけだから、宿場町の需要は高かった。他にも、中川の橋の通行量収入があるなど、地元にかなりの金が落ちるシステムが存在したのである。

交通が盛んになった理由はもうひとつある。それが、今も葛飾区の著名スポットである柴又帝釈天（題経寺）だ。柴又帝釈天は、江戸時代の初期に開かれた寺院だ。開山当初から江戸時代中期まではあまり逸話がなく、江戸近郊にある「普通のお寺」であったのだが、江戸時代も後半にさしかかった頃から人気を集める。近世最大の飢饉である「天明の大飢饉」に際し、題経寺中興の祖である日敬が、本尊を背負って江戸の街を歩き、苦しむ人々に拝ませたという。現代の人にこういっても「それはどういうこと？」などと思われてしまうかもしれないので軽く説明しておくが、当時は今に比べて信仰心が強く、ありがたい仏様をわざわざ持ってきてくれて、それを拝ませてもらうことで救われる、と考えられていたわけだ。実際、帝釈天のご本尊を拝んだ人には不思議な効験があったとされ、これを大きなきっかけとして、江戸の帝釈天信仰が広まっていったのである。

元々、江戸から近く、街道沿いにある葛飾柴又。江戸市民にしてみれば、手軽にいけるちょっとした旅行である。江戸時代の旅行と言えば、お伊勢参りや金比羅参りという「長距離旅行」が有名だが、これは今なら新幹線や飛行機に乗って行くほどの距離。当時の移動手段はほぼ徒歩なだけに、ほとんど大冒険であった。それに比べてせいぜい一泊程度でいける距離にありがたい仏様がいるわけだ。人気が出るのも当然である。

柴又に門前町ができ、川魚を出す料理店などができたのもこの頃。名勝として知られた堀切菖蒲園も合わせて、葛飾は観光も盛んになったのである。

葛飾区が「下町」になった近代

関東大震災を契機に人口が急増

江戸近郊の農村地帯であった葛飾区は、明治維新後東京府に編入されても、しばらくは以前の姿を保っていた。そんな葛飾区が「都会」になるのが、関東大震災の後である。

現在の23区における主要な住宅地といえば、おおよそ山手線の外側に位置している。これらの地域が宅地となったのは、ほぼすべて関東大震災後。つまり、江戸以来の人口密集地であった台東区、中央区、千代田区などで被災した市民が、より安全な郊外に移住したことに始まる。関東大震災の起こった大正期には、鉄道網の整備が進み、都心部より少々離れた場所も、通勤圏として成立するようになっていたこともこの流れを助けている（震災を機に鉄道網と郊外の宅地化が進んだという事情もある）。

葛飾区には、距離的な理由もあり、特に本所・深川・浅草方面から大量のり災民が流れ込んだ。これらの人々は、主に立石・四つ木など、区の南西部に住み着いたようだ。本所・深川・浅草といえば、まさしく「下町」の本場である。つまり、よく葛飾区がいわれる「葛飾は江戸じゃない農村で下町ではない」という意見は、この事情を考えると正確ではない。土地は確かに下町ではないが、住民の多くが、大正以降「江戸っ子」になったわけだ。江戸っ子が住んでいるのが下町であると考えれば、葛飾区は紛う事なき下町なのである。

ほぼ同時期、葛飾区の工業都市化も進行した。地価が安く、多くの川がある葛飾区は工場を作るのに最適な上、労働力になりうる人口が一気に増えていたわけで、大変都合がよかったのだ。これらの工場は、主に中川沿いの亀有・新宿・青戸・立石・四つ木にあり、葛飾区に雇用を提供した。工場ができたことで、労働者が集まってくる。こうして、葛飾区はさらに人口を増やしていったのである。

東京大空襲でさらに人口が流入

関東大震災に続き日本を襲った悲劇は第二次世界大戦だ。しかし、葛飾区の発展という意味で言えば、これも関東大震災と同じく、この大戦争も契機となっている。

第二次世界大戦末期、東京都は大空襲を受け、下町地帯はほぼ壊滅してしまう。一方「新興住宅地」「新興工業地帯」である葛飾区はまだまだ農地も多く、攻撃目標としてはそれほど重要ではなかった。このため、被害は他の地域に比べて少なく、またも下町を焼き出された人々の収容先となったのである。

戦後の混乱期には、不足する東京の食料や日用品を政府（進駐軍）が管理し、配給を行っていたわけだが、当然満足のいく量は流通しない。庶民は必要に駆られ、鉄道に乗って直接農村まで食品を買い付けにいった。これが「ヤミ米」などのヤミ流通品だ。自身がまだ農村の色を残し、さらに巨大な食料生産地である千葉、茨城に繋がる葛飾区は、これらのヤミ物資の流通拠点となった。

その後、復興が進むと葛飾区の人口はさらに増え、立石駅、四ツ木駅、堀切菖蒲園駅、高砂駅、新小岩・金町・亀有のなどの駅前に商店街が形成されていった。

ただ、大きく発展を遂げた葛飾区が「どうにもビミョー」な土地になっていく原因のひとつが、この急速な人口増加に起因している。区内に職場である工場があり、しかも中川、江戸川で他の地域と分断されている葛飾区は、区民が「他の地域に出て行く必要のない」地域になっていく。このため、東京の中心である旧下町地域に隣接していながら、そこの文化が伝播しづらく、独自の発展を遂げていくことになる。すでに人口のかなりの部分が「下町からきた江戸っ子」になっていて、いわば引きこもり傾向のある葛飾区は、ある意味濃厚に江戸の下町が残る土地ともいえるわけだ。

しかし、従来の鉄道路線に地下鉄の浅草線、千代田線の乗り入れ、さらに新葛飾橋の開通によって、葛飾区と他地域との交通状態が大きく向上すると、この引きこもり傾向も薄れていく。さらに地価の高騰や公害問題によって工場が去り、工場の周りに住宅と商店街があり「葛飾区内ですべてが完結する」システムは崩壊。昭和の終わり頃から商店街はじわじわと衰退していく。

葛飾区にとって悲劇となったのは、この「戦後葛飾」システムが崩壊し、平成型の新しいスタイルへのモデルチェンジを行うべき時期に、バブル経済の崩壊があったことだ。東京都内でいえば、バブル経済の盛り上がりによって地価が高騰したのは都心部と西部（世田谷、杉並など）、南部（大田区など）で、葛飾区など東部地域の開発はそれほど行われなかった。というか、あと何年かすればバブル経済の「恩恵」がやってきたはずなのに、その前にバブルが弾けてしまった、といえるのかもしれない。

かくして、葛飾区は衰退した「昭和」のまま「放置」されることになってしまう。これは、近隣の足立区や江戸川区も事情は同じだったのだが、足立区には北千住という巨大ターミナルがあり、江戸川区には千葉県の住宅地に繋がる大動脈である東西線がある。これに比べて、重要なターミナル駅がない葛飾区は、足立、江戸川に比べても、一層不利な立場にあったのである。

このような歴史をたどり、なんとも薄ぼんやりとした土地になってしまった葛飾区。次章からは、現在の姿を詳細にみていくことにしよう。

第２章
葛飾区といえば！　という土地は実際どう？

けっこう有名だけど亀有公園前に交番はなかった！

亀有公園の実在を疑う人がいっぱい居る

葛飾にある公園といえば、まず想い浮かぶのは「亀有公園」ではなかろうか。なにしろ、国民的人気マンガになった、あの「こち亀」があるんだから。あの公園、連載初期のエピソードではプータローが住んでたり、中川圭一がヘリやら戦車やらを停めていたハズなんだが、最近はあんまり登場しないなあ……。

そんな「100巻までは好きでした」などという会話は別の本やWEBサイトに譲るとして、実際の亀有公園はどうなっているのか？

そもそも、公園自体が実在するのか？　実在を疑う人は全国でもけっこうな数が存在しているようで、グーグルで「亀有公園」を検索してみると、「関連検索」

に「亀有公園　実在」のキーワードが登場する。

ほら見たことか、やっぱりみんな気になっているのだ。

ならば、その公園についてレポしなければ、葛飾区の地域批評ははじまるまい。なにせ、「こち亀」や「寅さん」がなけりゃ、葛飾の地名自体を知らない人がいるかもしれないし。

で、結論からいえば、この公園はＪＲの亀有駅近くに実在する。だが、「亀有公園前派出所」はなく、見るからに、どこにでもある公園だ。

遊具と子供が昭和テイスト

そんな公園ではあるが、ちゃんと遊具も存在している。

ブランコはあるし、でっかい滑り台は子供に大人気（あの「砂滑り台」などという、段ボールを使うとよく滑る、コンクリートのヤツね）。

しかし、この滑り台が子供に人気ってのもアレだね。ドロンコになって遊んでも怒られないっていうのは悪くない。う〜ん、この地域はまだ昭和テイストなのか。

そしてこの公園、トイレも人気。別にピカピカの有料トイレとかじゃあないけど、清掃はしっかりしている。ただ、バリアフリーではない。そのあたりの批判は役所にも多数寄せられているのか、「車いすの方は亀有駅北口のトイレをご利用下さい」と札が垂れ下がっている。そういう問題かよ！

「両さん交番」の警官は目付きが悪かった！

メインの目的である公園前派出所を探してみる。もちろん、マンガのアレは架空のもの（大正時代にはあったらしい）。公園前派出所のモデルになったといわれているのは、近くにある亀有駅北口交番だ。

一応、「両さんいますか？」と聞いてみようかと思ったけど、なにやら目の据わった警官がたむろってヤナ雰囲気。

「こち亀」の舞台にしてはあまりにも普通すぎるけど、まあ当たり前といえば当たり前の話か。両津勘吉みたいな、わけのわからん連中が跳梁跋扈するよう

亀有駅前には南北に両さん像が。派出所は実在しないけど、アリオ亀有の「こち亀ゲームパーク」が名所に

な交番が、マジで実在していたら、ご近所のみなさんが困るしね。
両さん目当ての人は、駅前に鎮座まします「両さん像」で満足しなさいってことだ。

※　※　※

もともと駅前にあった両さん像だが、2010年に亀有の商店街と香取神社が中心になって11体に増えている。ポーズ違いの両さんは8体あり、あとは中川、麗子、本田像が1体ずつ存在する。この銅像は駅を中心に亀有の街一帯に散らばっており、この銅像を順に巡っていくと、亀有を一周することになる。

柴又はちょっと斜陽気味でビミョーな観光スポットだった！

寅さんてヤバくないか？

『男はつらいよ』を観て、柴又を人情あふれる街だと思えるか？　これけっこう素朴な疑問かもしれない。

この本を買うお客さまは、30代以下が多いようなので、あんまり映画を観ていないかもしれない。一応説明をしておこう。

寅さんは、父親が芸者に生ませた子供で、妹のさくらとは母親違い。おまけに、芸者の母親が出奔しちゃったもので父親に引き取られるが、秀才の兄と比べられ、折り合いも悪く16歳で家出。そして、父親も秀才の兄貴も死んでしまい、妹だけが暮らしていると風の便りに聞いて柴又に戻ってくるのが、物語のプロローグだ。

要は、家出した非嫡出子が舞い戻ってくりゃ、りっぱな不良だったわけだ。そりゃ、街の人々もなんか距離を置いて付き合うわ（初期の映画は、そんなテイストに溢れていた。レンタルして確認を）、「なんだ、あんなヤクザ！」とか、映画内では、露骨なセリフを吐いていた柴又の人々。これは「リアル」な柴又人っぽいぞ。なのに、映画のヒットと共に態度を変えた劇中の人物と同じく、リアルワールドでは、寅さんは街のヒーローとなっている。

で、柴又だが、ここは正確には「江戸」ではない。江戸時代は農村地帯。それを反映してなのか遠い。とにかく遠い。京成高砂駅かJR金町駅から京成金町線に乗り換えると柴又駅へ通じるのだが、ここまでのアクセスが悪い。京成金町線は京成電鉄の中でもかなりローカルな支線で、なんと柴又〜金町間は単線である。

寅さん像周辺の店はかなりシャッター街だった！

さて、下車すると、駅前には案の定寅さんの銅像が。もう、街を挙げて寅さんで、という気分がプンプン。寅さんが死んでもおいちゃんが死んでもタコ社長が死んでも御前様が死んでも、柴又と寅さんは永久に切っても切り離せない存在なのである。

しかし、そんな寅さんタウンである柴又／帝釈天だが、寅さんシリーズの終了とともに、観光客は年々減少しているとのこと。

だが、実際に訪れた柴又の街には、取材日が平日の午前中というもっとも客足が鈍そうなタイミングだったにもかかわらず、それなりの数の観光客がいた。寅さん像の周りには、多くの店が観光客を……ってレトロすぎる店ばかりな上に半分くらい閉まっとる！　結局この後、夕方まで駅前店のチェックを続けたが、結局閉まりっぱなしの店が4軒。京成線の切符販売スペースは、正月などの繁忙期のためのものだろうから仕方がないとして、2軒あるセンベイ屋が両方とも閉まりっぱなしに、喫茶店、食堂も開く気配なし。開いている店も、どう見ても客が入っていない！　うーん。ビミョー。

やはりイマドキの観光客には、ああいう昭和風味が炸裂している店はウケないのか。一等地なんだから行政もなんとかしようとしないものか、などと考えながら、帝釈天参道を目指す。

参道入り口は駅改札から徒歩10秒くらい。近っ！

寅さん土産が見つからない！

参道の入り口横の角にはみやげ物屋が。お、「寅さんキューピー」人形を発見。やっぱグッズも寅さん関係が圧倒的に……、ありません。

なぜこんなにキティちゃんが好きですか。葛飾出身ということで、亀田大毅に勝った世界チャンピオン内藤大助グッズも。やたらと巨大なボクシンググローブストラップがあるのはいいが、思いっきり値下げしてるし（2016年現在、さすがに内藤グッズは見つけられなかった）。

なかなか絶妙な品揃えのみやげ物屋を過ぎ、本格的に帝釈天参道へ入っていく。名物のうなぎ屋スペースを通り抜けると、参道ならではの風景。せんべい、ダンゴ、佃煮、アメなどを売る店が並び、そこそこ客がついている。平日でこれなんだから、けっこう客の入りはいいんじゃないの？　まあ年齢層は高めだけどね。威勢の良い店員も多いし、「人情っぽい」テイストを感じられるね。

別頁で詳述するが、この柴又帝釈天こと経栄山題経寺は、江戸時代から信仰のスポット。明治時代には、金町駅から参拝客を運ぶための人車鉄道なんてのも存在した。まあ、そんなマニアなものじゃ客を呼べないので、寅さん頼りの部分が大きいことは否めないのだが……。ちなみに、『仮面ライダー響鬼』に登場した甘味処「たちばな」兼「猛士」の関東支部も、この街にあるという設定だった。特撮ファンをも呼び込もうという目論みなのか？

そんなこんなで高齢層中心の観光客と多少の外国人（この手のトラディショナルなスポットはやはり白人が多い）に混じって帝釈天参りを済ませたら、今度は「矢切の渡し」で渡し舟に乗るのが観光コースだ。

渡し舟から戻ってきたら、お待ちかねの「寅さん記念館」……なのだが、残念ながら取材日は定休日だった。というか場所がビミョーなんですよこれが。

帝釈天からかなり遠い上に、記念館の玄関がわかりづらい！　事実、後日訪れたときも、記念館周辺で右往左往する高齢客が見受けられた。道向かいにある「レンタルサイクルサービス」のほうが目立っているような……。展示内容はまずまず充実しているのに、ちょっともったいないような気もする。

と、ここまでで「正しい柴又観光」はおしまい。いったん駅まで戻り、帝釈天参道とは逆側。商店街を見てみることにする。ホンモノの柴又に、帝釈天参道で感じられた「人情」を探しにいくとしよう。

シャッター街化が進む柴又の商店街

柴又駅の改札を出て、真正面方向が帝釈天の参道。そして、その逆側には柴又地元民が利用する商店街がある。

「元祖ねぎだこ」という聞きなれない名物（？）店をスタート地点に、八百屋、魚屋、小規模スーパーなどが並んでいる。一見、ごくありふれた下町の商店街風だが、開いている店は商店街の６割強程度で、あとは見事なシャッター街。

パチンコ屋の客つきも悪く、なんだか元気がない感じ。これ、夕方17時ごろの光景ですよ。人情を感じられそうな店はあまり発見できない。

いや、もしかしたら帝釈天側とは逆の、線路の向こう側が栄えているのか？と踏み切りを渡るも、そこには古びた日本人形となぜか警視庁のマスコットである「ピーポくん」がショーケースに押し込められているシュールなタバコ屋と、手作り感満点のペット美容室が目立つくらいで、あとはあんまりお店はない。というかそもそも人の姿が少ない。う〜ん。葛飾区最大の観光スポットというべき柴又は、全体的に寂れた感じのする街みたいだ。

ちなみに、こうした状況を打破するために、平成18年から「柴又レトロ・宵灯り計画」を発動。帝釈天参道をライトアップし大正時代の装束でパレードをするイベントなどを行ったのだが、まだまだ定着には時間がかかりそう。

「人情あふれる街」のイメージは、シャッター街によって揺るがされた。少なくとも、「一見してわかる」ほどのものではないようだ。

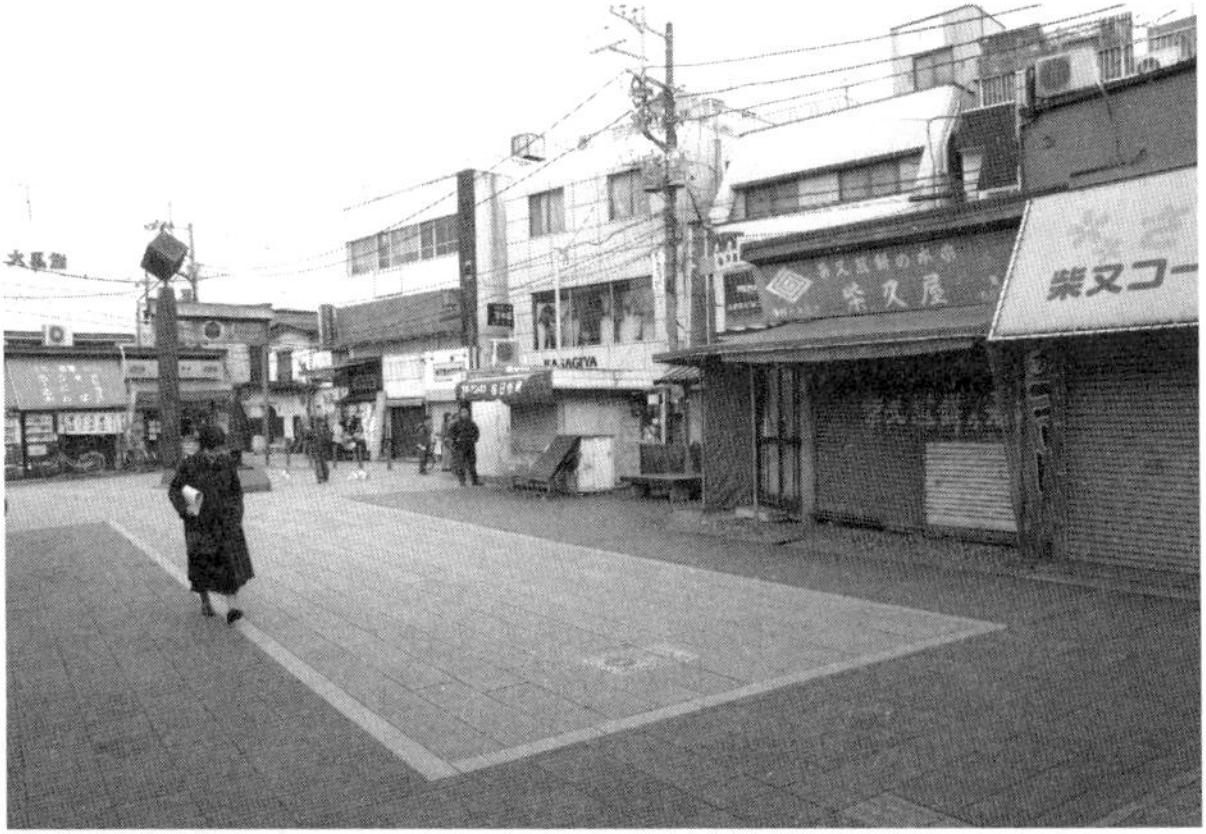

柴又駅の改札を出てすぐの広場。中央に寅さん像があり、周囲を店が取り囲んでいるのだが……。

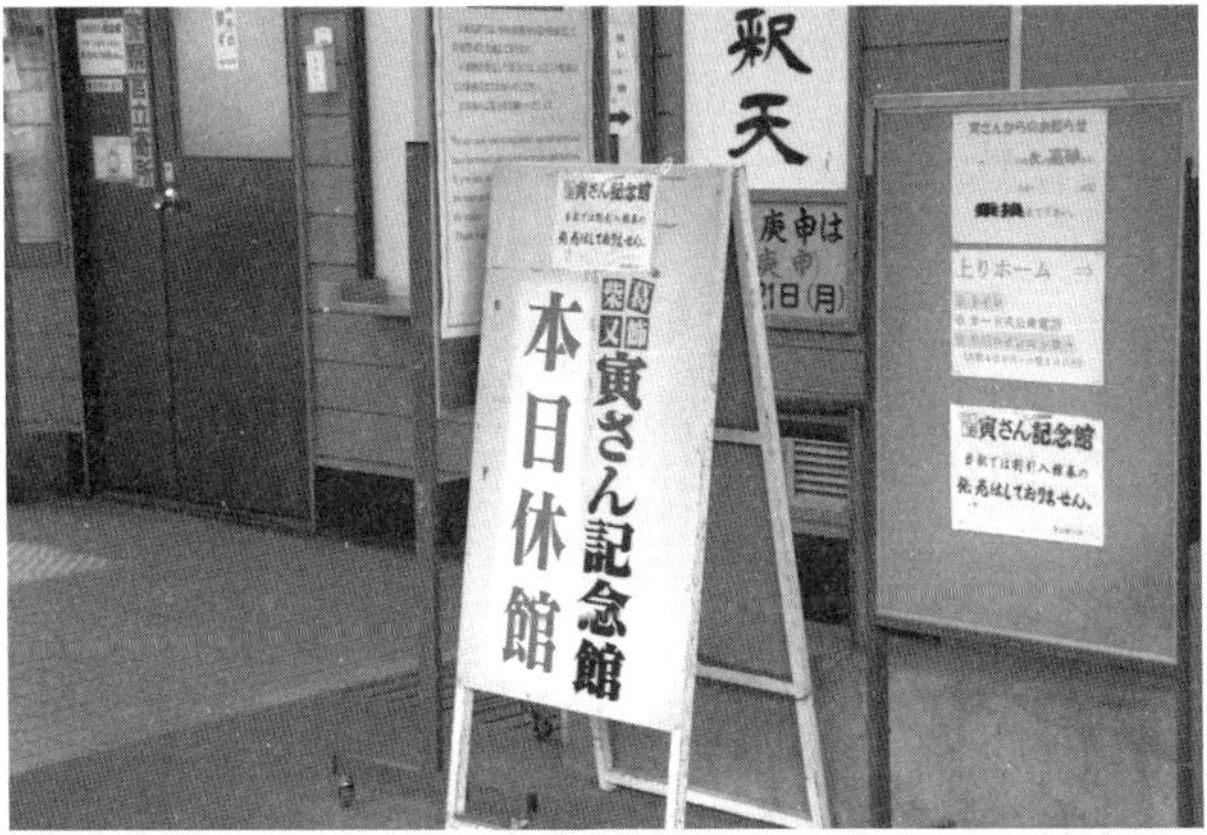

改札の前には「寅さん記念館」の案内などもある。乗り換え案内も「寅さんからのお知らせ」に！

キャプテン翼は「南葛」がモデル?
都立南葛飾高校へ行ってみた

南葛=葛飾説は実は間違い?

サッカーの存在を、一気にメジャーに押し上げた『キャプテン翼』。『週刊少年ジャンプ』に、1981年から1988年まで連載された本作は、現在も『週刊ヤングジャンプ』にて続編を連載中。この作品、初期は葛飾区をモデルにしていた。

「静岡市が舞台じゃなかったっけ?」

と思うだろうけど、主人公・大空翼の経歴をみると南葛小・南葛SC・南葛中とある。ほら、やっぱり舞台は葛飾区じゃないか。とりあえず、そういうことにしてみよう。ほら、作者の高橋陽一は、葛飾区生まれで東京都立南葛飾高等学校卒。母校の名前を使用しているところを見ると、葛飾愛に満ちた人らしいな。

近年、人気マンガのモデルとなった場所を訪れる「聖地巡礼」がブームになっている。筆者も南葛飾高校を巡礼することにしよう。

南葛飾高校は、京成立石駅から徒歩5分あまり。葛飾区役所の傍にある。かなり好立地。偏差値はそれなりだが、『キャプテン翼』を読んで、サッカーを目指している少年たちが多いのではないか？

……ところが、あれれ、平日なのにガラ～んとして、誰もいない。聞いてみたら、テスト休み中だった。おまけに、先生方に「なにか、御用ですか？」と思い切り変質者扱いされてしまいました。

やはり静岡市がモデルだったようで

さて、南葛飾高校。てっきりサッカーが盛んで、サッカーボールのモニュメントとかあるのかと思ったけど、そんなものは一切見あたらない。

校門の傍の掲示板に期待してみたら「3年生の美術研究発表」が掲示されてる。サッカーのサの字も見あたらない。ごくフツーの何の変哲もない学校である。あたり前か。

仕方ないので、学校の前の並木道に腰掛けてたお婆さんグループに、

「この学校って、サッカー強いんですか？」

と聞いてみたら。顔を見合わせて

「聞いたことないねえ…」

と、怪訝な顔。聞いた人が悪かったのだろうか？　この高校、定時制のほうは、2005年の第15回全国高等学校定時制通信制サッカー大会で見事優勝を果たしているのだが、あまり葛飾区内では話題になっていないみたい（ついでに、陸上部とか自転車部も強豪らしい）。

定説どおり、やはり「南葛」のモデルは静岡市で、マンガで使ったのは名前だけだったようだ。しかし、決して弱くはない（定時制だが）チームだということが確認できたのは収穫だ。やはりヤルな！　南葛!!

南葛飾高校の正門前。隣接するマンションのせいでやたらと広大に見えるが、ごく普通の都立高校だ。

※　※　※

2013年、本当のサッカーチーム「南葛SC」が誕生してしまった。葛飾区には、常盤クラブ（2012年に葛飾ヴィトアードと改称）という伝統のあるアマチュアチームがあったのだが、これが『キャプテン翼』の作者である高橋陽一を後援会長に迎え、より本格的なクラブチームとして活動を開始したのである。ユニフォームはマンガのものと同じデザイン。集英社の承認も得ているというから本気も本気だ。

2020年までにJ3昇格を狙う計画で、プロチームへの成長を目指すこのチーム。総監督には高校サッカーの強豪、修徳高の元監督の向笠実氏が就任。修徳といえば、正ゴールキーパー若林源三が最初に所属していた小学校「修哲」のモデルとなった学校。狙ったのか偶然なのか。ともかくこういう細かい点まで「南葛」に忠実である。

チームの強化は順調なようで、2015年には葛飾ヴィトアード時代から所属していた東京都サッカーリーグ3部で優勝。2016年から2部に昇格し、まずは第一段階をクリアしている。本稿執筆時の2016年6月時点で、2部リーグ3位に位置し、1部昇格のチャンスを残している。

ただ、Jリーグへの道は容易ではない。東京都1部リーグからして、J1浦和のルーツのひとつである三菱養和サッカークラブや日本最古のサッカーチーム東京蹴球団などの伝統チームを倒さなければならないし、その先にはさらに強いチームがいる。また、プロチームになるには、5千人以上収容のホームスタジアムやユース組織を持たなければならないし、安定した収益を上げる体制を作っていかなければならない。単に強ければJリーグにいける、というわけではないのだ。しかし、せっかくできた「葛飾区の象徴」になれるかもしれないこのチーム、なんとか応援していきたいものだ。

葛飾区コラム 1 観光編

裏の名所「小菅ヒルズ」？訪問記念はブラックタオル

本文中では扱わなかったが葛飾区には、全国に知られる隠れた名所が存在する。しかも、その存在自体は葛飾区民には、あまり歓迎されていないだろう…。と、書けばわかるだろうけど、東京拘置所である。

通常、東京に住んでいたとしても、わざわざ見物に行ってみようという人も少ないだろう。残念ながら、現役の施設であり、見学コースも存在しないので中までじっくり訪問するには、在監されている被告人に会いにいかなければならない。一般人には、極めてハードルの高い施設である。

かくいう筆者も、この施設は長らく訪問してみたいと考えながらも、訪れる機会がなかった。前述の通り、収監されている知り合いがいかなったからであ

著名な事件の被疑者や死刑囚を多数収容するだけあって警戒厳重。写真を撮っているだけで警戒される

る。そんなあこがれの施設を、ようやく訪問する機会を得たのは、２００７年のこと。ある雑誌の記事を書いたことがきっかけで、長らく収監されている人物と手紙をやりとりし、訪問するきっかけができたのだ。

ただ、相手というのが、かつて全世界に指名手配されて、公安が血眼で所在を追っていた元革命戦士と、いきなりハードルが高いので、過去に何日か暮らしたことのある事情通に同行してもらうことに。

さて、東京拘置所を訪れるには、東武伊勢崎線から徒歩がもっともメジャーなルート。駅は足立区なのだが、駅前から先は葛飾区である。

拘置所の入り口は、駅の正反対にあって、

ぐるりと一周した側まで歩かなければならない。門に向かうまでの道には、古ぼけたネズミ色の壁がそびえたっている。以前は、この壁と同じような色をした古い獄舎が使われていたそうだが、現在は取り壊し中。新しい建物は、地上12階、地下2階、高さ50メートルの巨大な高層ビル。中央部の管理棟から南北にV字型の収容棟がつながる独特の形になっている。

毎日高層ビルの中で生活しているのは、息が詰まりそうだ。おまけに、エアコンも完備されているのだが、完備されているのは廊下だけ。各人の部屋には廊下から空気が流れ込むだけで、生殺しにされているようなものだ。

さて、拘置所の門前には、2軒の差し入れ屋が店を構えている。中に暮らす人に差し入れをする場合、ここか拘置所内かどちらかで、物を買って差し入れることができる。特に、食べ物は、差し入れ屋を通した物しか入れることができない。

それにしても、拘置所の向かいには、ごく普通のマンションも建っているのだけれど、家賃はどのくらいなのだろうかと、気になる。

中に暮らす人に会う場合、拘置所の窓口で用紙に記入して待つことになる。

通常、自分の住所氏名、職業を書けば問題ないのだが、重要事件の被告人だと、なぜか身分証明書を要求される。筆者も、うすうす予測はしていたが、やっぱり「身分証見せて」ときた。

事情通によれば、「むかしは、政治犯が数多く拘置されていた。で、面会にくるのもやっぱり学生運動家とかで、うっかり偽名を書いて、公文書偽造で逮捕された人もいる」とのこと。

このように、いかめしい感じの窓口だけれど対応は親切。というのも、前に並んでいたオジサンが「オレ、字ぃ書けねぇんだよ」とか言い出したら「じゃあ、名前から教えてもらえるかな～」と代わりに書いてあげてたから。看守はみんな怖い顔ですけど、根は親切なんですね。

さて、申し込みが終わると「面会整理票」を持って、受付で待機することになる。整理票には番号が書いてあって、順番がくると放送が流れて、モニターに番号が表示される仕組みである。病院の待合室みたいなところを想像してくれればよいだろう。

ここでようやく落ち着いて、周りを見る余裕ができた。

椅子に座っているのは、赤子を抱いたジャージのヤンママ。甲高い声で携帯で話している東南アジア風の女性。うなだれた感じの初老の男女。もろ、本職風のスーツ姿の人たちはなれた調子で、玄関先でタバコをすっている。

世の中には、いろんな人間が存在しているもんだなあと、思うけど別に見知らぬ人に「いや〜、初めてなんですけど緊張しますね」とか話しかけるような雰囲気ではない。そう、風俗店の待合室といった感じで、決して誰とも目を合わせようとはしない。希代のナンパ師でも、ここでナンパを成功させることは不可能だろう。

ともあれ、番号が呼ばれたら、まず検査室へ。荷物をロッカーに預けた上で金属探知器で検査。これ、やたらと反応がよくて、ベルトの金具にも反応してしまう。ここから、長い廊下を歩いて、エレベーターで指定された階まで昇り、そこの窓口で面会整理票を渡して、ようやく面会室へ。……ずいぶんと、手間である。お会いした相手のことは、ここでは省くけど、いい人でした。

ただ、面会中にはずっと看守が付き添い、お会いした相手が女性だったので看守も女性だったのだけれど、帽子を目深に被って、顔の半分以上を覆い尽くす巨大なマスク、目はガンを飛ばしてくれてる。こういう人って、オフの日にはなにやってるんだろうな？　ストレス溜まりそうだから、えらく派手に遊んでそうだけど。

ここまで、会うのは手間も時間もかかるのだけれど、面会時間は、たった10分。本来は30分なのだけれど、あからさまな嫌がらせである（お会いした相手は政治犯＋無罪を争っている最中なので）。

で、差し入れになにか欲しい物を訪ねたところ「ブラックガム」とのこと。そんなものも置いてあるのか、ということで買えるだけ買って差し入れ。

同行した、事情通氏によれば、この差し入れ屋で販売しているブラックタオルは記念品として需要があるんだとか。なんでも、昔はブラックのタオルなんて、ここでしか買えなかったそうだ。

と、まあ10分会うためだけに半日が潰れてしまうようなことになるけど、興味ある人は訪れてみるといいのではないだろうか。

第3章
実はビンボーだった葛飾区

葛飾区民はファミレスにも差別されている？

ガストがたった2店舗しかないなんて！

足立区では安さ爆発のガストが存在感を誇り、ガストにも行けない中高生をターゲットにしているマクドナルドがやたらとあって24時間営業。かくて、ガストとマックはビンボーなヤンキーの巣窟と化していた。つまり、足立区における「ガストとマックがいっぱい」という事実は、一面で「足立区がビンボーだ」ということを証明していたのだ。つまり、ファミレス状況は、その区のビンボー具合、金持ち具合をはかるひとつのモノサシなのだ。

葛飾区民は足立区民よりもだいぶお金持ち？

では、葛飾区のファミレスはどんな状況なのだろう？

綾瀬駅近くのデニーズに入ってみた。綾瀬駅は足立区だが、デニーズは葛飾区側にある。時間は正午前。ふと入り口をみると……。デニーズに行列が！それも、ひとりふたりじゃなく、十数人。デニーズは、ファミレスの中ではいわゆる「一般的」なランク。その値段は決して「安い！」とはいえない。そんなデニーズが大人気ということは葛飾区民の懐具合はまずまずなのか？いやしかし、長時間居座っている主婦がいるという事実はなんとなくビンボーテイストを連想させるし……。

というわけで、ファミレスの出店状況をまとめてみた。葛飾区のファミレス二大巨頭はジョナサンとデニーズ。ジョナサンはちょっと安めの店だが、両方とも「一般」ランクといってもいいだろう。サイゼリアやガストといった「安チェーン」が幅をきかせる足立区とは大きく違う。葛飾における「安チェーン」は少なく、ガストにいたっては2店舗しか出店していない。なるほど、葛飾区民は「安チェーン」で食事を取る気がなく、普通のファミレスなら入る気がするようだ。ビンボー具合が具現化したかのような足立区のデータとはえらい違いだ。

というかファミレス自体がものすごく少なかった

だが、もう少し詳しくデータを見ると違った解釈ができる。注目したいのが「総店数」。これをみると足立区の63店舗に対して、葛飾区はわずか35店舗しかファミレスがない。

店舗数で総人口を割った「対人口比」を出してみるとその差がより明確になる。足立区は1店で約1万人をカバーすれば良いが、葛飾区では1万2千人。つまり、1店舗につき2千人も余計にカバーしなければならないのだ。そりゃ行列も出来るわ。

いやまてよ。これだけ出店数が少ないということは葛飾区が足立区と比べても「出店するだけムダなビンボー地域」だといえるではないか！

ファーストフード店もだいぶ少ない！

ファーストフードは、足立区の総計33店舗に対して、葛飾区は21店舗。対人口比ではこちらも約千5百人の差がついている。内訳を見てみると、なんと双方ともマック、ケンタ、ミスド、モスの順番で店舗数が多く、葛飾区は「出店傾向はまったく同じで数だけが少ない」という結果に。

牛丼とラーメンのチェーンは、足立区18店舗、葛飾区13店舗。ここでも同様の差が出ており、対人口比で約千人。足立区の充実ぶりに比べ、葛飾区は全然カバーできていない。また足立区にあるのに、葛飾区にないのが「びっくりラーメン」がある。180円という、あまりに安すぎる値段でラーメンを提供していたら、2007年8月に会社更生法を申請して吉野家の傘下に入ってしまった同店。貧乏人が長居して、回転率悪すぎ！　という印象の同店の場合、足立区は4店舗もあるというのに、葛飾区は無視。

ううむ、あらゆるチェーン系列から冷たい扱いを受けている葛飾区。その理由は、なんなのだろうか？

こういうチェーンは市場調査を重ねて出店している。フレッシュネスバーガー、ウェンディーズ、サブウェイといった、おしゃれ感の漂うチェーンが、どちらの区にも全く出店していないってことは、「ちょっとお高いウチは葛飾区や足立区では集客力がない」と考えているのだろう。

そうすると、多くのチェーン店の出店数が足立区に比べて少ない葛飾区は、「足立区と比べて出店する意味が薄い」ということになる。

現状では足立区以下！　でも将来性となると？

あらゆるチェーン店に無視されている。現状では、「葛飾区は足立区よりも魅力がない」という判断に基づいているのだろう。しかし、将来性の話となると、少々風向きが違ってくる。コーヒースタンドの出店状況が、それを示唆しているのだ。

ドトールコーヒーは足立区内に7店舗を構えているが、葛飾区では4店舗。ルノアールは葛飾区に1店舗で足立区は0。スターバックスコーヒーは葛飾区、足立区とともに2店舗ずつを構えている。対人口比で計算すると、ドトールは互角、ルノアール、スターバックスでは葛飾区の勝利（?）となる。この中で、商品単価が高いスターバックスは、いったいどこに出店しているのだろか？

1店は金町駅南口店で金町駅前のバスロータリーという交通至便な土地。もう1店はアリオ亀有店。こちらは亀有駅から少し離れた環状七号線沿いにあるショッピングモール内の店舗だ。これに対して足立区では、竹ノ塚駅前と、北千住の駅ビルの店舗となる。

葛飾区、足立区ともに、スターバックスは同じような傾向の場所、再開発が進む街の駅前と巨大ショッピング拠点に出店しているのだ。これを見ると、コーヒーチェーンについては「葛飾区のほうが足立区よりも将来性がある」と考えているようだ。足立区には、巨大な日清紡東京工場跡の土地の再開発が急ピッチで進行中の西新井駅がある。真っ先に出店していても不思議ではない場所にまだ出店していない（現在建設中の巨大ショッピングモール内に出店する可能性は高いが）。これに対して葛飾区で注目したいのは金町店だ。

確かに金町も再開発中である。だが、こちらは今のところ高層マンションが数棟で、西新井の巨大ショッピングモールのような決定的な要因足りえないように思える。事実、今のところスターバックス金町駅南口店は、取材中にのぞいた限りでは、それほどにぎわっているようには見えなかった。それでもなお、出店を断行したということは、天下のスターバックスが、確かに金町の将来性を認めているに違いない、といえるだろう。

※　※　※

相次ぐマンション開発で人口が増加したおかげか、葛飾区のファミレス事情はかなり良い方向に変わりつつある。まず、2008年時点で35店だった店舗数は40店に増加。対人口比率は約1万2千人に1店だったところから約1万1381人に1店へと増加している。また、ビンボーな庶民の味方である「安チェーン」も、ガスト、サイゼリアともに1店ずつ増加（プラスSガスト1店）。びっくりドンキーも出店し、幅広い価格帯から店を選べるようになってきた。

ファストフードも大幅増加。特にマクドナルドが大きく増えているようだ。安く食べられるお店が増えたのはありがたい話だが、葛飾区民のビンボー度が増した結果だとしたら、ちょっと複雑かも。

スタバの前にもママチャリ。葛飾区では日常の買い物のついでに立ち寄る店の扱い。中年以上の客も多いぞ

もう一店舗のスタバが入居する、アリオ亀有は葛飾区最大級のショッピングモール。スタバも違和感はない

ほか弁屋の偏りは葛飾区民の外食嫌いを証明？

オリジン弁当が多数出店しているワケ

筆者はかつて、遺跡発掘調査員を生業にしていたことがある。肩書きを見れば偉そうだけど、ようは現場仕事。このころ葛飾区内で数日間、仕事したこともある。場所は、確か細田の4丁目あたりだったハズ。

こうした現場仕事だと昼食の調達が問題だが、現場周辺には食堂、コンビニなどはなく、ようやく見つけたのは、ほか弁屋であった。

さて、このようにブルーカラーにとってほか弁屋は重要だ。暖かいし、量は多いし、たとえ、のり弁であっても、コンビニ弁当とは比べものにならない旨さである。

足立区と同じく、ブルーカラーが多い葛飾区。都内の持ち帰り弁当屋数と対人口比を調べると、葛飾区は足立区を上回って第4位にランクインしている。ちなみに、ここでは千代田区や中央区などのビジネス街は除外している。

葛飾区対足立区　オリジン対ほっかほっか亭

次に主要なチェーンについて調べると面白い差がみつかった（データは2007年12月20日現在のもの）。まず、超メジャーの「ほっかほっか亭」。葛飾区11店舗に対し、足立区は22店舗。「オリジン弁当」は葛飾区が11店舗、足立区は8店舗。ほか弁屋の総店舗数は葛飾区が40店舗、足立区は62店舗で、人口比で見てみると、葛飾区は一店舗あたり約1万9388人、足立区は約1万7865人とあまり差がみられない。

しかし、「オリジン弁当」が葛飾区で妙に多いところが気になる。ご存じの方も多いと思うが、「オリジン弁当」は総菜屋と弁当屋が合体した店舗。弁当専門の「ほっかほっか亭」に比べると、ひとり者だけではなく主婦がオカズをつくるのが面倒な時とかに利用することもある。煮物等も充実していることから、高齢者層も重要なターゲットだ。

葛飾区において足立区より「オリジン弁当」の数が多いということは、それなりに家庭で食事をとる世帯が多いからなのではないだろうか。

つまり、このオリジン弁当の多さは、そのまま葛飾区民の外食嫌いを表している可能性がある。それならば、先の外食チェーン出店状況も説明がつく。「足立区よりビンボーだからファミレスがこない」のではなく、葛飾区民と足立区民では元からライフスタイルが違うということになるだろう。

などと多角的に分析をしてきたが、「どちらでもよいから、早く出店してくれ」というのが、葛飾区民の本音の様子。その証拠に、2007年1月に堀切菖蒲園に「ほっかほっか亭」が出店した時には、地元民は狂喜乱舞したとも伝わっている。

ほか弁屋の出店が、地元民の間にニュースになってしまうような、葛飾区の食事事情。やっぱり単純なライフスタイルの違いなどではなく、そこには深く大きな問題が潜んでいそうだ。

都内の持ち帰り弁当屋数と昼間人口に対する比率

	弁当屋数	昼間人口／弁当屋数	昼間人口
墨田区	37	7,095	262,514
中野区	39	7,324	285,636
江戸川区	66	8,105	534,942
葛飾区	40	8,576	343,039
足立区	62	8,699	539,309
板橋区	52	8,777	456,425
文京区	37	9,087	336,229
大田区	72	9,128	657,209
北区	33	9,313	307,317
豊島区	38	9,960	378,475
江東区	48	10,223	490,708
荒川区	18	10,223	184,021
品川区	46	10,979	505,034
港区	81	11,221	908,940
目黒区	24	11,305	271,320
杉並区	37	11,875	439,379
世田谷区	59	12,475	736,040
新宿区	59	13,052	770,094
千代田区	64	13,334	853,382
練馬区	39	13,606	530,628

※商業地にあたる一部地域は除外した（NTT 電話帳を元に独自調査）

基準はヌルくて貧乏にもやさしい！生活保護者もちょい少なめ！

厚生労働省は保護するなとまで言うけれど

生活保護制度は、憲法二十五条に銘記された『健康で文化的な最低限度の生活を営む権利」をすべての国民に保障するかけがえのない制度。

都内でも生活保護世帯は年々増加する傾向にあり、その生活実態は悲惨だ。葬儀を省略し、そのまま火葬場に運んで荼毘にふす「直葬」も年々増加している。貧しさは、死してなお続くのだ。

さて、葛飾区の生活保護の実態はどうなのか？　平成18年度の葛飾区における生活保護受給者は８６９７人。平成16年度には８１５６人であったから、徐々に増加している。

平成18年度の数値をもとに計算すると葛飾区は全区民のうち２・０３％、１００人に約２人が生活保護を受けていることになる。足立区は２・９９７％、１００人に約３人だ。

こうして見ると、葛飾区は貧乏だけど、生活保護を受けなければ死んでしまうほどの貧乏人に満ちているというわけではなさそう。「ま、足立区に比べたら、まだマシなほうだなぁ」という印象を受ける。ただ、ここで注意しなくてはならないのは、生活保護費の支給決定などは、自治体の裁量で対応する余地があることだ。増え続ける生活保護受給者。自治体の窓口が申請をなかなか受け付けないことも、よく知られている。

原因は２００６年4月に厚生労働省が出した「生活保護行政を適正に運営するための手引」。これがかなり残酷な内容で、「就労しないこと等を理由に『指導』し、指示に従わない時は保護を打ち切る」「年金担保の貸付を制限し、場合によっては保護しない」「不正受給は積極的に警察へ告発」とどのようにして申請を断るかの手引きなのである。

貧乏人に優しい葛飾区と墨田区の行政

上部官庁が、こんな具合なので、自治体によっては積極的に生活保護申請拒否、打ち切りを実施しているところも多い。2007年には、北九州市で打ち切られた男性が餓死する事件も起こって問題となった。やたらと受給者の多い足立区は、むしろ、貧乏人に優しい話のわかる自治体である。もともと貧乏人の多い、東京東部の各区は生活保護が受給しやすい。住所さえはっきりしていれば、断られることは少ない。

実態をさらに深く調べてみたら、

「提訴：女性ら、『三郷市が保護申請違法に拒否』（『毎日新聞』2007年7月12日）」なる記事を発見。病気で生活の困窮した一家が埼玉県三郷市で生活保護を断られた挙げ句、「親戚を頼れ」と葛飾区へ追い出され、「葛飾区で生活保護を申請するな！」とまで指示されていたのに、葛飾区で申請したら、すんなり受給できたことから、問題になっているもの。どうやら、この件に限らず埼玉県の貧乏地帯では面倒な貧乏人を葛飾区や足立区に追い出すことが、一般

生活保護者データ

葛飾区		
年度	受給者（人）	増加率（%）
平成16年	8,156	—
平成17年	8,454	103.7
平成18年	8,697	102.9
全人口比（%）	2.03	

足立区		
年度	受給者（人）	増加率（%）
平成16年	17,286	—
平成17年	18,108	104.8
平成18年	18,274	103.4
全人口比（%）	2.997	

東京都福祉保健局

的に行われている様子。

ううむ、そんな「難民」をきちんと受け入れている葛飾区は偉い！

その一方、本来、受給の必要のない人が生活保護の支給を強要する行政対象暴力も懸念され、2007年5月には警視庁が「行政対象暴力」の緊急対策会議をスタートさせている。（『読売新聞』2007年5月7日東京夕刊）。

現状、足立区に比べ少ない生活保護者。基準が甘いのに少ないというのはまだ極端なビンボーは少ないということだろうか。

ホームレス増加率は東京都で4番目に高い！

東京都のホームレスはちゃんと減少しています

葛飾区の中川や江戸川の河川敷にはホームレスのブルーテントがチラホラ。

ホームレスが居るということは、逆説的に言えばその地域はそれなりに豊かだということ。生活保護者も少ないし、ホームレスがそれなりにいれば、「まあまあ」な地域だといえるだろう。

まずは東京都全体の状況を見てみよう。元になる資料は、都が2007年5月に発表している『東京ホームレス白書II』。

これによれば、都内のホームレスは2000年2月に5521人が確認されていたが、2007年1月には3402人となり、38・4%減少している。

国が「ホームレス自立支援法」を制定したのは２００２年８月からだが、都ではそれ以前の２０００年11月から「自立支援システム」の構築を開始。アパートを借り上げて路上生活から移行させる施策の他、一時保護施設や、自立支援センターも設立された。２００７年３月には、葛飾区にも自立支援センターが開設されている。

では、葛飾区自体のホームレスの実数はどうなっているのだろうか。平成17年夏の調査で79人だったホームレスは18年夏には65人に減少。おお！　行政の施策は成功か？　と思いきや19年冬には73人と、またまた増加している。20人程度の範囲でいったり来たりしているようだ。

さらに、白書を読むと、公表されている東京都のホームレスの数も疑わしくなってきた。なにせ「なお、国管理河川では、８１１人であり、これを加えると４２１３人となります」と書いてある。先の数字に、こうした「国管理河川に住むホームレス」が含まれているのか含まれていないかが不透明。可能性としては、ここで示した数字よりも多い可能性があるということだ。

葛飾区はホームレスにもやさしい土地だ!?

そもそも、ホームレスが住み着く理由は、「その土地になじみがあること」と「仕事がある」ことの二つだという。つまり、葛飾区にはホームレスが定住できる程度の、小銭が稼げる仕事が存在すると考えてよいだろう。だが、「その土地になじみがあること」は気になる。ビンボーな葛飾区民が破産して、もといた土地ではないが、ちょっと歩けば着く場所でホームレスをやっている可能性だってある。

だが、いざとなればある程度寛大な審査をしてくれる生活保護がある葛飾区ならば、そうそう簡単にホームレスになるということもあるまい。

やはり、葛飾区はたとえホームレスでも、最低限生きていけるだけの土壌がある土地。どこまでも冷たい東京中心部とはひと味違うようだ。

2006～2007年の各区のホームレスの数

	2006年	2007年	増加率
豊島区	133	192	144.4%
新宿区	372	451	121.2%
足立区	44	51	115.9%
葛飾区	65	73	112.3%
中央区	164	179	109.1%
港区	116	119	102.6%
文京区	76	75	98.7%
江戸川区	139	126	90.6%
北区	83	73	88.0%
大田区	103	88	85.4%
千代田区	130	108	83.1%
台東区	649	519	80.0%
練馬区	24	19	79.2%
荒川区	27	21	77.8%
世田谷区	67	52	77.6%
杉並区	49	38	77.6%
江東区	204	153	75.0%
墨田区	638	464	72.7%
目黒区	25	18	72.0%
板橋区	104	74	71.2%
渋谷区	343	220	64.1%
品川区	65	36	55.4%
中野区	50	27	54.0%

東京都福祉保健局平成19年度夏期路上生活者概数調査より

さすがは自称「下町」そば屋とシブーい喫茶店が多い！

ラーメンは当分の間そばに勝てそうもない

「下町」といわれる葛飾区。住んでいる住人たちは、当然「江戸っ子」を自称する。そして、江戸っ子の食生活といえば、まずそばである。

やはり、葛飾区にそば屋は数多く存在するのだろうか。

近年では、ブームもあり「昔ながらの中華料理屋＋ニューウェーブ」のラーメン強力タッグがそば屋を圧迫している様が東京の各所で見られる。果たして葛飾区も同じなのだろうか。

さっそく電話帳をもとにそば屋の数を調べてみると、葛飾区には174軒のそば屋を確認。これに対してラーメン屋は78軒と、その差は倍以上。いやはや、やはり葛飾区はそば大国じゃないか！

そば屋比率23区総合順位でも、葛飾区は荒川区に次いで2位。練馬区の追撃を僅差でかわしている。ラーメン屋の数がそば屋を上回っているのは新宿区と杉並区の2区だけでしかない。こうしてみると、東京では、やはりそば屋が強いことがわかる。

しかし、である。このデータは雄弁に、「葛飾区は古臭い」ということを物語り、それはイコール「高齢者社会」であることをアピールしているのではないだろうか。

そば屋の多さは高齢化社会の証？

ここで、23区の年齢別人口の構成比を見てみよう。

23区の比率は年少人口（0～14歳）が11・2％、生産年齢人口（15～64歳）が69・7％、老年人口（65歳以上）が19・1％となっている。これに対して葛飾区は年少人口は12・6％と23区平均を上回っているものの、老年人口も20・

6％と23区平均よりも上。

ちなみに、そば屋率トップの荒川区も年少人口10・9％に、老年人口が22・4％と、これもかなり高齢化が進んでいる。どうだろう、やはりそば屋が多い＝高齢化が進んでいるという説は正しいのだ。

これで、葛飾区にファミレスやファーストフードが少ない理由が説明できる。

ここまでの調査でわかることは、
○葛飾区は足立区ほどではないがそれなりにビンボーである
○高齢化が進んでいて、新しい店はあまり流行らない
といったところだろう。これはある意味「負のスパイラル」である。「若者がいないから若者向けの店が出来ない→若者がよりつかない」という流れができてしまう。古きよき昭和テイストも良し悪しだ。

シブーい喫茶店は昭和のかほり

では、高齢化が進んだ大人たちに喫茶の文化がないわけじゃないはず。必ず

どこかでコーヒーを飲んでいる。

どこに集っているのか？

そう！　喫茶店だ。きっと、薄暗くてソファからスプリングが飛び出してたり、真っ赤なエプロンをした、やる気のないウェイトレスが煮詰まったコーヒーを出してくる店がたくさんあるに違いない（当然、客はみんな常連さんで、ウェイトレスを口説き、回転率も悪いことこの上ないのだ）。

そんな店には、「純喫茶〇〇」とかいう名前がついてなきゃおかしいだろう。

……と、電話帳で調べてみたが……「純喫茶」はなかった。もちろん、美人喫茶もノーパン喫茶もなし。

それでも、味のある店名が多すぎ！　目についた店名を並べてみると「ケ・セラ・セラ」「ふれんど」「地中海」「ロッキー」「朝昼晩」「ローザンヌ」「エンゼル」「じゅん＆ミユキ」「どーする」「ドモン」「天使の休息」「マジックマッシュルーム」「ラリー」「ドアーズ」「ニュー幌馬車」「来人」。

うーん、喫茶店オーナーのネーミングセンスには一周回って光るものを感じるぞ。

やっぱ喫茶店といえばナポリタンにしょうが焼き

そんな店を覗いてみると、必ずメニューに存在するのが、しょうが焼き定食と、ナポリタン。

コーヒーもブレンド、アメリカン、アイスにカフェオレくらい。ちょっと洒落た感じにウィンナコーヒーがメニューに入っているところもあるけど、カプチーノだのエスプレッソだのという類のものは、決して存在していない。昼時にお店に入れば、揃って、

「ナポリタンとアイスコーヒー」

とか、シンプルに注文している。

こういった、ちょっと古めかしい喫茶店。葛飾区ではこうした店にオヤジかオバサンが集まっていたのだ。うーん、この昭和で時間の止まってしまった感覚。古き良き店が残っているといえば、聞こえはいいけど、発展から取り残されているってことだよね。ああ、また葛飾区の負の面が表面化してしまった！

葛飾区は酒場の数なら世界ランク上位

では、飲み屋はどうだろうか。昭和の飲み屋といえば……そうスナック！ちょっと調べただけで出てくる出てくる。こちらも喫茶店と並んでネーミングセンスが光った店が多い。「スナックサファイヤ」「メルヘン」「ラウンジ待ち人」「キャッツ愛」などなど。うーん昭和だ。

数も多い。対人口比ではこちらも23区中第4位。それも、台東、新宿、豊島という、世界でも有数の歓楽街を有する3区に次ぐものだ。上野、新宿、池袋に、金町、亀有、新小岩、青戸などといった葛飾連合軍がいい勝負をしているのだ。これはなかなかスゴい。

それにしても、普通の食堂やレストランの充実度がイマイチだというのに、お酒が飲める店の数が世界ランカーレベルというのは……。スナックは282店舗。居酒屋は465店舗を数える。

となれば、街のいたるところに居酒屋があると言っても過言ではない。葛飾区の面積が約34・84平方キロメートル。ということは、約0・046平方キロメートルに一軒は、居酒屋かスナックがある計算。さらに、そば屋も加えたら、約0・037平方キロメートルに一軒は必ず酒を飲める店があるということだ。そりゃ、みんな日暮れ前からほろ酔いになってしまうほどの飲酒の習慣がついてしまうハズである。

そもそも、町工場の多い地域だから、もともと毎日5時に仕事が終了↓一杯ひっかけてから帰宅コースが、当たり前の生活習慣として根付いていたのだと思われる。今では、工場も少なくなり、区外へ出勤する人口も増えている。けれど、こうした習慣は現在の高齢者がいる限りそう簡単にはなくならない。いましばらくは、昭和の香りの店もなくなりそうにはない。

農地がけっこうある！水田農家の数は23区ナンバー1！

そうだお米を売ろう！　葛飾名産寅さん米!?

さて、葛飾区の昭和テイストが鮮明になってきたところで、さらに面白いデータが出てきた。農地の広さである。

葛飾区の農業規模は、１０８世帯。うち、兼業農家は35軒。さらに、販売額500万円以上と、十分利益の出る農業経営をしている農家は45軒と、まずまずの数字である。

葛飾区の農業の実態を調べてみると、少ないながらもかなり真面目に営まれている様子。ＪＡ東京スマイルによれば主な生産物としては「小松菜」、「ホウレンソウ」など軟弱野菜を中心として、季節に応じて「分葱」、「枝豆」、「キャべツ」、「カリフラワー」などの作付けも行われているとのこと。ＪＡ東京スマイル葛飾柴又支店の一角に設置された「葛飾元気野菜直売所」では、こうして作られた野菜類が販売されている。

実は、葛飾区の農業の素敵ポイントは、それどころではない。田んぼ、すなわち水田を持つ農家が多かったのだ。葛飾区の農家のうち、水田を営んでいるのは、39軒。これは、23区でもっとも多い数字である。

ちなみに次点は、足立区の30軒。以下、江戸川区が27軒、世田谷区が5軒と続く。23区でもっとも農業が盛んなのは、大根で有名な練馬区で農家の数は４５３軒、面積は２万３２５３アールもある。

葛飾区はこれには遠くおよばず１０８軒。面積７９４４アールだ。それにもかかわらず、水田がある程度残っている理由は、周囲を川に囲まれて水が豊富という要素が大きいのだろう。

ただ、いまだ「葛飾産」の米というのを見つけたことはない。いったい、どこで売っているのだろうか。せっかくだから、野菜だけじゃなく、米も葛飾ブランドで売り出せば、ヒットするんじゃないのだろうか。もちろん、米袋には、

東京都23区の農業経営規模比較

	農家の数	うち専業農家	農家の平均年齢	耕地面積（アール）	田圃を持つ農家数	販売500万円超の農家
葛飾区	108	35	57.70	7944	39	45
足立区	142	48	57.50	7174	30	41
江戸川区	206	83	57.50	13408	27	93
世田谷区	268	42	57.30	10857	5	39
練馬区	453	122	56.90	23253	4	103
中野区	9	不明	56.00	246	0	2
杉並区	83	17	57.20	3897	0	14

東京都総務局2005年農林業センサス調査報告

両さんとか寅さんの絵も描いてね（宮崎県をならって）。魚沼産コシヒカリにも対抗できる「男はつらいよ米」が登場するのが楽しみだ。

ところで、都市部の農地には単に食料を生産したり、緑で心を和ませてくれるだけじゃない、別の要素もある。それは、災害時の避難場所としての機能だ。なるほど、都心の農地を見ると「売り時を間違えて仕方なく畑のままにしてあるのかな」などと思ってしまいがちだけど、そうした都市部ならではの、ちゃんとした役割があったのだ。

区民10人に一人が区民税を滞納！それってやっぱりビンボー！

葛飾区のビンボー具合は足立区とほぼ同レベル⁉

飲食店事情はかなり偏ってはいたが、今まで見てきた葛飾区は、決して金持ちには見えないが、だからといってビンボーとは……。だったのだが、やはりカネは別問題。税収データをみると愕然とする。

東京都全体の税金滞納は増加中。都では2008年から、ヤフー・オークション内に専用サイト「東京型物納ストア」を新設し、差し押さえ品の競売を開始した。その中でも、葛飾区は劣等生だった。細かく見ていこう。住民一人あたりの区税負担額は6万1085円で、最低の足立区の5万7327円に次いで23区中の22位。おまけに滞納率は10・2％でこちらはワースト4位。なんと、悪名高い足立区と超僅差だったのだ。

２００５年3月に葛飾区が発表した「平成16年度下半期の財政状況」によれば、区民サービスにかかる経費は、一人当たり34万５０６３円。うち区税で賄っている部分5万５１７５円。これが一世帯当たりだと、75万７１７円で、うち区税で賄っている部分は12万38円だという。これ以降このデータが公表されていないのも気になるところ。

忍び寄る高齢化　進む負のスパイラル

ただ、払わない住民だけに問題があるのかといえば、そうではない。いまや葛飾区全体が、抜け出せない貧乏に一直線で急降下している状況だ。葛飾区における産業の特殊性としては、家内制手工業的な町工場の密集がある。要は、どの工場も『男はつらいよ』のタコ社長みたいなのが、数人の社員といっしょにほそぼそと利益をあげるという基本構造だった。ところが、その事業所も１９９１年を１として２００３年には０・５５まで低下、出荷額も０・４５の水準まで落ち込んでいる。さらに、従業員9人以下の事業所も、1981年と比べて2001年には80%以下にまで落ち込んでいる。こうした状況をふまえ、葛飾区の行政でも区民税が減少することは避けられないことは認識している。

また、三菱製紙や東洋インキといった葛飾区内にあった大企業の工場が次々に移転したことも大きい。これらにより、徐々に中間所得者層が減り、低所得者層が増加していることから、区の予算は、今後さらに厳しくなると予測している。にもかかわらず、高齢化社会の進展に伴って、扶助費の増加も避けられない。結局、歳入を確保するために区債の発行も増加してゆくと見られている。状況は悪化する一方だ。

葛飾区では税金のカード決済化も検討中。まずは2008年7月を目処に公共施設の使用料支払いにクレジットカードを利用できるシステムをスタートさせる予定。もちろん23区では初の試みだ。

税金が、カード決済できるようになれば、滞納分のいくらかは回収できるかもしれない。しかし、それも焼け石に水だ。そもそも、払う気がある人は、ちゃんと払うから。

23区、住民税を払っていない割合

	滞納率
荒川区	11%
練馬区	10.3%
足立区	10.2%
葛飾区	10.2%
新宿区	9.3%
中野区	9.2%
中央区	8.9%
江東区	8.7%
江戸川区	8.7%
板橋区	8.4%
北区	8.3%
豊島区	8.2%
墨田区	8.0%
大田区	7.9%
台東区	7.4%
千代田区	7.2%
世田谷区	6.8%
品川区	6.7%
目黒区	6.7%
渋谷区	5.9%
港区	5.6%
杉並区	5.5%
文京区	4.4%

2005年東京都総務局行政部特別区決算状況の特別区税・特別区民税徴収率より作成

葛飾区の本性はビミョーなところだった!?

よくよく見るとかなりヤバい！

わかりやすくはないが、何となくビンボーだった葛飾区。区役所のホームページに広告を集めて毎年６００万円くらい集めてみたりと、行政もかなり必死だ。

実際に街を歩いても、そこまで感じられなかった葛飾区のビンボー具合だが、数字を見てみるとかなり悲惨。良くも悪くも「中間地点」にいる杉並区や、「下流の帝王（失礼！）」と比べると、その実体が良く見える。２００４年の長者番付登場者数は、１万人あたり６・８人。これは足立区の７・２人よりも少なく、23区中の最下位。そのほかのデータも、足立区を辛うじて上回るか見事に敗退している。それでいて、ベンツの保有台数が足立区より多いということは、富が偏在していると見ていい。

さらに、葛飾区の資料によれば主要産業である製造業も工場数は大田区の５０４０軒、墨田区の４１９５軒に次ぐ４０９０軒で23区中第３位だが、出荷額は23区中第7位と大きく離されている。

もはや、従来の産業だけでは維持していくことは不可能となっているのだ。

工場数の多い順にあげると金属製品製造業１０５０所で全体の約４分の１を占め、一般機械器具製造業５０８所、なめし革・同製品・毛皮製造業３４４所、ゴム製品製造業２７７所、衣服・その他の繊維製品製造業２７６所となっており、この5業種で全体の約６割を占めている。特にゴム製品製造業の２７７所は、都内でも際立った集積。とはいっても、イケイケの産業とはいえないだろう。例えば、オモチャ産業もタカラトミーが未だに本社を葛飾区内に構えていたりもするが、区内で生産されているものは目立たない。

これには葛飾区民も危機感を感じている。現在の葛飾区の行政施策における基礎データとなっている２００４年度の世論調査においては「産業の活性化による豊かな地域社会の形成」が自分に関係あるとの回答は26・9%、多少関係あると答えた人は35・3%と、合計で60%を超えている。

このビミョーさこそが真実の葛飾区なのか？

葛飾区とはなんとも難しい区だ。こうやって数字を見れば、なかなか見事なビンボー地域なのだが、それでいて生活保護者が少なかったり、街の雰囲気がまったりとした昭和テイストだったたりしてとらえどころがない。このビミョーさ加減こそが、葛飾区の本性なのか？

葛飾区コラム　２　人物編

郷土愛に恵まれた葛飾区 今も住む有名人がいっぱいだ

　葛飾区は、多くの有名人を輩出している街である。残念ながら、本文中では、そんな有名人たちに触れることが、ほとんどできなかったので、ここで総ざらいしてみることにする。こんな人物も、葛飾区にゆかりがある、ということを知れば葛飾区をさらに、ディープに知ることができるだろう。なお、先に述べておくが、下町の定番となっている『三丁目の夕日』の作者、西岸良平は葛飾区出身どころか下町生まれではないからネ（世田谷区出身、立教高校、立教大学というブルジョアである。ついでに『男はつらいよ』の山田洋次監督は、関西人である）。

　さて、やはりもっともメジャーな葛飾区出身者といえば、漫画家の秋本治と、

柴又駅前に立つ、寅さん像。いつものスタイルで旅立つ寅さんが妹さくらの呼び声に振り返る姿がモチーフ

高橋陽一であろう。このふたりについては、特記する必要もないだろう。いや、秋本治が葛飾区出身じゃなかったら、どうしようと、ドキドキしたのだが…。どちらも、超メジャー誌『週刊少年ジャンプ』でヒットしたマンガ家だし、葛飾区にとってはヒーローなハズ。でも、両さんの銅像が立ったりする秋本に比べて、高橋の扱いがちょっと…。二人とも、実在の地名を作品中で使ったり、愛郷心に溢れる人物なのにひどいや。

　芸能界になると、葛飾区出身者はかなりの数存在する。石橋貴明も、生まれは葛飾区である。あれ？　板橋区出身じゃなかったと、思う人も多いだろう。なんでも稼業が倒産して、一家で夜逃げしたのだとか。なんだか、葛飾区の暗い部分を象徴するような経歴である。歌手の松崎しげるは、南国育ちのように見えるけど、あれは地肌が黒いだけで、葛飾区生まれの葛飾区育ち。デブキャラで売ってい る、内山信二の実家は魚屋というのは、本人も時々ネタにしているから、よく知られているだろう。と、まあこのあたりの人々は葛飾区出身といっても「あぁ、なるほど」と納得できるのだけど、やっぱり「そうだったのか！」と驚いてしまう部類に入る葛飾区出身者も結構存在する。

そんな意外な出身者の筆頭としてあげられるのは、高城剛ではなかろうか。「誰？」と思う人は少し前の芸能ニュースを思い出してみよう。沢尻エリカと熱愛が発覚した22歳年上の恋人と呼ばれている人物である。ちなみに本人によれば肩書きは「ハイパーメディアクリエイター」。…ごめんなさい、本人は真面目なのでしょうが、いったいどういった職業なのか、さっぱり理解することができません。なんでも、ジャンル横断的に活躍するクリエイターということらしいのだけど、熱愛を報道したマスコミも「なんじゃそりゃ」と思ったらしく「映像作家」とか「プロデューサー」と記述した報道も多かった（ゲームに造詣が深い人には「3DOでチキチキマシン猛レースをつくった人だよ！」といえば、「ああ……」と納得してもらえるぞ）。

ちなみに、肩書きのヤバさとは裏腹に総務省「次世代放送コンテンツの振興に関する調査研究会」委員とか堅い仕事も多くこなしている。出身地である柴又の人たちにしてみれば「あそこの家の息子は出世したなぁ」と思われているに違いない。あの、熱愛報道がご近所では、どんな感じで評価されているのか、一度調べてみたいものだ。

ほかに、葛飾区出身とギャップを感じる芸能人といえば、アイドルグループ「嵐」の二宮和也。実家は車の部品工場だそうである。こちらもやっぱり、実家はどんな感じなのか見てみたかったが、発見できず。まさか、息子のポスターとか貼ったりしていないよなあ…。

アイドルといえば、アイドル声優の堀江由衣も葛飾区出身。でも、中学生の頃を「暗黒時代」と語っていたりもするし、いったいどんな生活を送っていたのだろうか？　あまり触れたくないので、華麗にスルーしてしまうことにしよう。

　また、高校の項目でも触れたが、共栄学園高等学校はバレーの強豪として有名。写真集まで出して、タレントになった元・全日本代表の益子直美も葛飾区出身だ。

　このように、多岐にわたって広がる葛飾区出身者。さらに、葛飾区には出身ではないがゆかりがあるとか、葛飾区だからこそ引っ越してきたというジャンルの人たちが存在する。

　その代表は、ボクシングの亀田兄弟であろう。なんでも葛飾区は「かつしかない」に通ずるということで、引っ越したのだという。

　なるほど、そういう語呂合わせもあるのだ。

　ちなみに、亀田大毅との対戦で注目された内藤大助も葛飾区在住。ボクサーをハングリーにさせる要素があるのかな？　うん、確かにある。ファミレスやファーストフードが少ないから、減量中も誘惑が少ないかも。ハングリー精神を純化させられる街はここだ。もし、人生がのっぴきならない状況になっている人は、葛飾区に引っ越せば、大逆転が果たせるかも知れない。

　フォークの名曲『葛飾にバッタを見た』でマンションも金持ちもいないけど、

バッタを見ることのできる葛飾区を歌い上げ、絶賛したのは、なぎら健壱。意外だが、彼の生まれは中央区の木挽町。現在の地名だと銀座である。「う、裏切り者」と思わないで欲しい。その後、小中学校は葛飾区で過ごしているから、葛飾区出身者と考えて間違いはないだろう。実際、下町の文化には造詣が深いし、今も住んでいるのだから。

有名人を多数輩出している葛飾区だが、一番の有名人は、寅さん。いや、実在の人物じゃないけど、葛飾区の有名人の筆頭には間違いないだろう。演じた渥美清は、当初はイメージの固定化を嫌がっていたが、晩年は寅さんのイメージを崩さないように他の役を断り続けた。役を演じるだけじゃなく、葛飾柴又＝人情に厚いというイメージまで全国に広めたのだから、もっとも葛飾区に貢献している人物といえるんじゃないだろうか？

このように、一口に「葛飾区出身」といっても、その生き様は多種多様。それでも、「心のあるところが故郷」なのだろうな。

第４章
葛飾区の生活環境はイイ？

農地は多いが緑は少ないロングいけがき計画で緑被率アップを狙う！

葛飾区は緑化にけっこうマジ！

農業も盛んな葛飾区。実は、緑も多い。潤いのある生活を夢見ているのか、行政も緑を増やそうと必死に公園などを作っている。

近年、各自治体が、いかに自分のところには緑が多いかを示す指標としているのが、緑被率。一般には、樹木、芝、草花などの植物に覆われた土地のみならず、農地なども含めて緑地として扱われる。ただ、緑が多ければヒートアイランド現象が緩和され、気候もよくなって、過ごしやすいかといえば、簡単にそういいきることもできない。例えば23区においては、緑の多さと、気温には相関関係はあまり見られないというデータも存在している。

いけがきの増加で緑化を達成！

とはいっても、緑が多いことは暮らしやすい街であるというイメージをアピールするのに最適である。千代田区など都心の一部の区ではビルの屋上にまで緑を配置して、みかけ上の緑被率を上げてみたり必死だ。江戸川区のように「みどり率」なる独自の新基準をつくり、河川敷の緑までカウントしている区もある。

ちなみに23区中のトップは、練馬区が22・2％と独走。最低は荒川区の7・3％である。では、葛飾区はというと14・5％と足立区の15・7％と同程度。江東区は15・9％、品川区は12・7％なのでまずまずといったところ。葛飾区の計画としてはいけがきを増やすことで、緑に触れる機会を増やしたりして、緑の豊かさを感じる住民を増加させる予定。再開発が進めば、さらに緑が増えるとも予測されている。

23区の公園数、面積

区名	全区域公園数／計	全区域公園面積／計	1人当たり面積	公園面積比率
港区	117	1365,092.49	6.76	6.71%
中央区	92	577,277.38	5.53	5.69%
足立区	490	2,916,448.03	4.65	5.48%
台東区	75	770,863.93	4.59	7.65%
葛飾区	322	1,743,322.31	4.08	5.00%
大田区	545	2,677,102.14	3.98	4.50%
新宿区	177	1,163,383.76	3.77	6.38%
板橋区	345	1,929,659.50	3.66	6.00%
品川区	239	1,276,623.57	3.62	5.62%
世田谷区	502	2,702,957.17	3.17	4.65%
墨田区	143	711,298.23	3.01	5.17%
北区	182	935,429.95	2.84	4.54%
練馬区	620	1,923,590.79	2.75	3.99%
文京区	114	519,852.21	2.68	4.60%
荒川区	106	419,730.05	2.16	4.12%
杉並区	306	982,030.53	1.84	2.89%
目黒区	125	452,454.83	1.69	3.08%
中野区	180	403,112.67	1.29	2.59%
豊島区	150	176,121.67	0.69	1.35%

（東京都建設局「公園調書」2007年より）

人口は増えているけどその増え方がヒトアジ違う！

ビミョーではあるが人口は増えている

「葛飾区の人口は増加傾向にある」

と、話すとマンションの建設等々に合わせて、家族連れの世帯が、どんどん引っ越して来ているようなイメージを抱くかもしれない。

確かに、マンションは増えているし、そうした新住民も増えてはいるけど、人口がうなぎ登りというわけではない。そもそも、東京23区は、ほぼどこでも人口の微増が常態化しており、急激な伸びは、どこにも見られない。

葛飾区の場合、2007年1月の人口は42万6552人。前年1月には42万4894人だったわけで、0・39％の増加である。この伸び率は、23区中の

20位とかなり下位に位置するものだ。

23区で、2006〜7年にもっとも人口が増加したのは、港区。伸び率は、5・11％である。また、中央区も3・73％の増加。これらの地区では、近年、タワー型のマンションが数多く竣工しており、その結果が出たといえるだろう。足立区では人口の伸び率は、葛飾区よりも低い0・11％。杉並区は0・48％でやや上。北区では人口がマイナスに転じており、0・34％ダウンとなっている状況だ。

新しい葛飾民がどんどん流入している！

葛飾区の人口動態を、さらに深く掘り下げてゆこう。人口に変化をもたらす大きな要因として、挙げられるのは、結婚と離婚だ。2006年の統計によれば、葛飾区で、結婚した男女は2884組で、23区中の第8位である。もっとも結婚が多かったのは世田谷区の6447組。逆に、もっとも少なかったのは台東区の1297組である。葛飾区この数値を一日あたりに換算すると、一日に60・８人が転入し54・９人が転出。さらに結婚が７・５組、離婚が２・８組ということになる。どうやら、これでは人口にどう影響しているのか、判断できない。そこで、出生数等も調べてみたところ、２００６年の葛飾区での千人あたりの死亡率は８・５人。これに対して、千人あたりの出生率は、８・２人である。葛飾区では、出生よりも死亡のほうが多いという結果だ。

つまり、葛飾区において人口が、微増しているのは、すべて他地域からの転入によって支えられていると考えていい。

マンション誘致が着々と進行中？

ならば、今後の葛飾区の人口はどのように変化してゆくのだろうか。

まず、国立社会保障・人口問題研究所が２００４年に発表した「23区の将来推計人口」を見てみよう。この予測では、葛飾区の人口はひたすら減少傾向をたどると見ている。２０１５年で39万３８９９人と、40万人を割り込む。さらに２０３０年には34万８６０２人となると見られている。

ところが、当の葛飾区はというと、そこまで減少するとは考えていない模様。『葛飾区基本計画』で示された人口予測では、今後とも人口は横ばいが続くと予測されている。推計人口は、２０１５年時点で約42万２０００人と、先に示した人口予測と比べて３万人あまりの誤差が、存在する。

あくまで、予測数値とはいえ、葛飾区は、ちょっと強気な数値を示しているのではないだろうか。そこで、足立区の人口予測と比べてみた。人口問題研究所の予測では、２０１５年で57万２２０人。２０３０年で、48万５５１７人と予測している。２０００年に比べて約13万人減少することになる計算だ。『足立区基本計画』では、この推計を受け入れているようで、

「平成24年度の66万人をピークに減少し始め、平成62年度には基本推計で56万人、低位推計で48万人にまで減少すると予測しています」

と記している。

葛飾区では、今後、マンション建設が増加して人口が増加すると考えている。葛飾区は確かにビンボーだった。だが、こうした「住民の入れ替わり」が進むということは、今後ビンボーも解消されていく！　といえるのかもしれない。

それに、これだけ希望的な見通しができるということは、それなりの高層マンション建造計画などがあるのだろう。これは「買い時」ってことか？

※　※　※

さて、２０１５年時点で約42万人になると予測されていた葛飾区の人口は、実際は約45万人に、２０１６年６月時点で約45万５千人となった。

２０１０年代の大幅な人口増加は、マンション建設に牽引されている。２０１１年からのデータを見ると、毎年約６００〜９００戸新築マンションができている。都内のビルあたり戸数の平均は約35戸。つまり、毎年マンションのビルが20棟くらい、葛飾区に建設されている計算になる。

ただ、葛飾区のマンションが本当にお買い得だった時期はもう終わってしまったのかもしれない。２０１６年５月現在の平均坪単価は約２０９万円。９３２戸が作られた２０１２年の坪単価が１７４万円だったことを考えると、かなり値上がりしている。まあ、２０１６年の都平均が坪単価約３２９万円なことを考えると他地域に比べ十分お買い得ではあるのだが。

23区の人口増加率

区部	2007年 1月人口	2006年 1月人口	増加率
港区	197,779	188,155	105.11%
中央区	103,817	100,088	103.73%
千代田区	43,252	42,132	102.66%
江東区	431,502	423,196	101.96%
墨田区	235,648	231,443	101.82%
文京区	193,317	190,488	101.49%
豊島区	254,139	250,658	101.39%
目黒区	267,276	264,077	101.21%
世田谷区	851,547	841,628	101.18%
品川区	350,671	347,096	101.03%
台東区	167,108	165,538	100.95%
大田区	671,195	666,402	100.72%
練馬区	697,906	692,913	100.72%
江戸川区	658,636	654,360	100.65%
新宿区	307,779	305,900	100.61%
荒川区	192,053	191,025	100.54%
板橋区	526,640	523,890	100.52%
杉並区	531,573	529,040	100.48%
渋谷区	204,782	203,876	100.44%
葛飾区	426,552	424,894	100.39%
中野区	311,079	310,341	100.24%
足立区	625,278	624,587	100.11%
北区	328,851	329,967	99.66%

東京都総務局統計部 人口統計課「人口の動き」2007年

高級住宅から安アパートまでよりどりみどり

ニョキニョキ建つぞ　葛飾のマンション

「葛飾区の人口は増加傾向にある」

と、話すとマンションの建設等々に合わせて、家族連れの世帯が、どんどん引っ越して来ているようなイメージを抱くかもしれない。

確かに、マンションは増えているし、そうした新住民も増えてはいるけど、人口がうなぎ登りというわけではない。そもそも、東京23区は、ほぼどこでも人口の微増が常態化しており、急激な伸びは、どこにも見られない。

葛飾区の場合、２００７年１月の人口は42万６５５２人。前年１月には42万４８９４人だったわけで、０・３９％の増加である。この伸び率は、23区中の

20位とかなり下位に位置するものだ。

23区で、2006～7年にもっとも人口が増加したのは、港区。伸び率は、5・11%である。また、中央区も3・73%の増加。これらの地区では、近年、タワー型のマンションが数多く竣工しており、その結果が出たといえるだろう。足立区では人口の伸び率は、葛飾区よりも低い0・11%。杉並区は0・48%でやや上。北区では人口がマイナスに転じており、0・34%ダウンとなっている状況だ。

葛飾区のマンションはあの足立区よりも安い！

葛飾区の人口動態を、さらに深く掘り下げてゆこう。人口に変化をもたらす大きな要因として、挙げられるのは、結婚と離婚だ。2006年の統計によれば、葛飾区で、結婚した男女は2884組で、23区中の第8位である。もっとも結婚が多かったのは世田谷区の6447組。逆に、もっとも少なかったのは台東区の1297組である。葛飾区この数値を一日あたりに換算すると、一日に60・８人が転入し54・９人が転出。さらに結婚が７・５組、離婚が２・８組ということになる。どうやら、これでは人口にどう影響しているのか、判断できない。そこで、出生数等も調べてみたところ、２００６年の葛飾区での千人あたりの死亡率は８・５人。これに対して、千人あたりの出生率は、８・２人である。葛飾区では、出生よりも死亡のほうが多いという結果だ。

つまり、葛飾区において人口が、微増しているのは、すべて他地域からの転入によって支えられていると考えていい。

平均的に安いが激ボロアパートは少ない？

ならば、今後の葛飾区の人口はどのように変化してゆくのだろうか。

まず、国立社会保障・人口問題研究所が２００４年に発表した「23区の将来推計人口」を見てみよう。この予測では、葛飾区の人口はひたすら減少傾向をたどると見ている。２０１５年で39万３８９９人と、40万人を割り込む。さらに２０３０年には34万８６０２人となると見られている。

ところが、当の葛飾区はというと、そこまで減少するとは考えていない模様。『葛飾区基本計画』で示された人口予測では、今後とも人口は横ばいが続くと予測されている。推計人口は、2015年時点で約42万2000人と、先に示した人口予測と比べて3万人あまりの誤差が、存在する。

あくまで、予測数値とはいえ、葛飾区は、ちょっと強気な数値を示しているのではないだろうか。そこで、足立区の人口予測と比べてみた。人口問題研究所の予測では、2015年で57万2220人。2030年で、48万5517人と予測している。2000年に比べて約13万人減少することになる計算だ。『足立区基本計画』では、この推計を受け入れているようで、

「平成24年度の66万人をピークに減少し始め、平成62年度には基本推計で56万人、低位推計で48万人にまで減少すると予測しています」

と記している。

葛飾区では、今後、マンション建設が増加して人口が増加すると考えている。葛飾区は確かにビンボーだった。だが、こうした「住民の入れ替わり」が進むということは、今後ビンボーも解消されていく！　といえるのかもしれない。

地価・住宅価格データ

住宅地の平均地価（万円）			
	2005 年	2006 年	2007 年
葛飾区	27.51	28.34	28.35
足立区	22.42	22.95	26.30
			東京都総務局統計部

一軒家平均価格（万円）	
葛飾区	4483.3
足立区	5600.7
	ヤフー不動産より（2007 年 12 月 19 日現在）

それに、これだけ希望的な見通しができるということは、それなりの高層マンション建造計画などがあるのだろう。これは「買い時」ってことか？

※　※　※

前の項目で説明したように、２０１０年代の葛飾区には、かなりの戸数のマンションが建設された。ただ、その絶対数は江東区などに比べて少ない。今のところ駅から近い物件が多いので、まだまだマンションを建てる余地はありそうだ。つまり早く買わないと、駅から遠い物件しか残っていない、ということになるかもしれないのだが。

パワフルなジジババが葛飾区を牛耳っている！

介護なんていりませーん

先に説明したように、葛飾区は高齢化社会だ。一世帯あたりの0〜14歳の年少人口の子供の数は0・3人。2000年の国勢調査時点では、総世帯数17万3417世帯のうち、65歳以上の高齢者のいる世帯は5万854世帯。この時点で既に全人口中に占める65歳以上の割合は、16・6％と、年少人口の12・9％を大幅に上回っていた。

確かに、葛飾区の商店街を歩いてみると、高齢者の姿が目立つ。まるで昭和30年代からなんの変化もないように見える洋品店も見かけるし、乳母車を押しているお婆さんをわりと頻繁にみかけることもある。かなりの規模の区営ゲー

介護予防・成果目標と目標値

葛飾区	現状値	平成20年度	平成23年度	平成27年度
介護を必要としない高齢者の割合（％）	87.1	88.0	89.0	90.0
介護予防に取り組んでいる40歳以上の区民の割合（％）	24.9	26.4	27.9	30.0

葛飾区基本計画（平成18年度）より

足立区	現状値	平成20年度	平成24年度
介護を必要としない高齢者の割合（％）	84.8	85.0	85.0

足立区基本計画（平成18年度）より

トボールコートもある。これだけ老人が多いのだから街で幅を利かせているのは当然。どうりでファーストフードが少なくて、喫茶店やらスナックやらが昭和テイストなはずだ。

ただ、そんな街の老人たちだが、普段の買い物で使っているのは揃って「コンビニ」と答える。「足腰が弱って、スーパーまで行くのがめんどくさい」のがその理由だとか。そのくせ、喫茶店やらスナックでは、存分にフィーバーしているのだから、やはり戦争を生き抜いた世代の底力は違う。葛飾区の老人たちは、一口にいってパワフルな集団だ。

その指標となるのが、介護サービスの利用。葛飾区の調査によれば、区内の高齢者のうち、87・1％は介護を必要としない人々だという。

さらに、葛飾区では介護を必要としない高齢者の割合を２０１５年度までに90％に引き上げるのを目標としているのだ。ちなみに、足立区では84・８％で、将来目標も現状キープの85％に留まっている。いや、ほんとに介護はいらないのか？「まだまだ、若い者には負けん」と、見栄を張っているだけにも思えるが、少なくとも見た感じは元気なジジババが多いといえるだろう。『東京新聞』２００７年2月22日に掲載された記事によれば、亀有防犯指導員ネットワーク、通称「ナイスかめあり」は、会の主力メンバーは70代。高齢化が進んでいるので後継者確保が悩みだというのだが、それにしても元気いっぱい。若い頃から働きづめで休むことを知らないのか？

ただ、今は元気な人が多いとはいっても将来もずっとそうとは限らない。予測によれば、葛飾区の人口における90歳以上の割合は２００8年には０・６２％だが、２０１5年には０・８１％に増加、いずれは１％の壁を越えることも考えられる。手をうつならば、早めにするにこしたことはない。

区は高齢者対策に熱心　でもそんなもんいらん

葛飾区が基本計画として示している施策の実施方針は３つあって、ひとつは元気な高齢者に地域で活動する場を提供すること。そのために、就業支援やIT講習、文化やスポーツ等の行事への参加が試みられている。また、介護を必要とする人口が増加すれば、支出は増大するし家族の負担は増えるしでマイナス面が大きくなるのは確実、そこで、介護予防施策の充実も重要とされる。さらに、デイケアや特別養護老人ホームなど介護サービスの充実もすでに開始されている。

計画に基づいて、実施されている事業には、どんなものがあるのかと見てみると、これがまた膨大。

特定非営利活動法人コミュニティビジネスサポートセンターが２００６年３月に発行した「『葛飾区高齢者参加型コミュニティ推進事業』実施報告書」によれば、「シニアの担い手育成講座」などの、高齢者向けの人材育成は常に多数の参加者を集めているという。そもそも、区が行っている事業も幅広い。育成講座のような、人材助成はもちろんのこと、はり・灸マッサージ事業に、異世代・地域交流事業等々、ありとあらゆる事業が試みられているのだ。

さらに、高齢者クラブ・シルバー人材センターに登録している人の数も2006年度の時点で、高齢者人口の20％。つまり、65歳以上の年寄りのうち10人中2人は、なにかしら身体を動かす習慣があるというわけだ。やはり、戦中戦後、高度成長期と、暗いうちから起き出して、働いて、働いて、働いてきた人生は、休むということを知らないようだ。さらに、登録者をのぞいても、サークル活動や就労の場を持っている人は2006年度で52・7％。つまり10人に2人どころじゃなく、5人以上！　いやはや、元気なハズだ恐れ入りました……。葛飾区では老人を甘く見るのをやめよう。

ところが、葛飾区の熱心な事業にもかかわらず、区民の声としては「重要度は低い」「行政の役割は少ない」という。もとから元気なジジババばかりだというのに加え、行政主導ではないもともとある地域のネットワークが強固だから、わざわざ行政が手を出すことでもないということか。どうも今まで「下町っぽさ」を否定するような事例ばかりが出てきたが、ようやく「強固な地域コミュニティ」というものが出てきてくれた。今後の課題としては、これから葛飾区に流入してくる新区民を、どうやってその輪の中に融合させていくか、といったところか。

※　※　※

じわじわと発展を続ける葛飾区だが、残念ながらこの項目についてはちょっと下方修正。２００６年には87・１％いた元気なジジババ、つまり「介護を必要としない65歳以上」は、２０１１年には84・４％に減少。増加を続けると思われていた介護いらずの老人は、逆に減少傾向に転じており、２０２２年には80・９％になるという予測になっている。

ただこれは、ある程度仕方のない数字。葛飾区も高齢化は進行しており、同じ65歳以上といっても、その平均年齢自体はどんどん上がっているのだ。いくら元気なジジババでも、90歳を超えたら普通は要介護になるというもの。そう考えれば、以前の葛飾区の予測があまりに楽観的すぎただけで、むしろ「よくこの程度の数字で持ちこたえている」というべきなのかもしれない。

ジジババ行動パターンデータ

区による高齢者向け事業	
事業名	評価結果
高齢者保健福祉計画・介護保険事業計画策定	改善
社会参加セミナー	継続
高齢者クラブ助成	改善
シルバー人材センター助成	改善
ゲートボール場維持管理	改善
くつろぎ入浴事業	継続
長寿慰労事務	継続
老人週間行事	継続
シニア団体等管理運営業務委託	再構築
はり・灸・マッサージ事業	継続
生きがい支援講座事業	改善
異世代・地域交流事業	改善
シルバーカレッジ	改善
シルバー人材センター運用資金貸付金	縮小
高齢者クラブ連合会助成	継続
シニア就業支援事業	改善
IT・活動情報サロン	改善
IT・活動情報サロン普及推進事業	縮小
敬老施設運営	改善

（平成 17 年度実施の行政評価より）

消防がビミョー　あんまり燃えないがあんまり消せない？

葛飾区はあんまり燃えない

足立区は、火事と喧嘩でも有名であった。足立区よりも下町っぽさを街のウリにしている、葛飾区はどうなんだ。葛飾区は、下町情緒を残す地域だという解釈をする人は多いが、それなら、それなりに火事がおこっていてくれないとちょっと、ね。もし火事の数が少ないのなら郷土愛に溢れる人々は方々の軒下に火をつけて回る必要が……ないか。

葛飾区の消防署は、金町と本田の２カ所。さらに、消防出張所が亀有・柴又・水元・上平井・南綾瀬・青戸・奥戸の７カ所に設置されており、計９拠点で万一の時に備えている。だいたい、地域には必ずひとつの消防と救急のシステムがあると考えてよいだろう。

平成17年度の統計によると、火災発生件数は193件。足立区の418件に比べて圧倒的に少ない。P124の表にある被害別に内訳を見てみると、火災被害の構成比自体は足立区とそれほど変わらないのだが、やはり、ぼやは少ない。足立区の場合、ぼやの多くが放火が疑われるものだった。やっぱり、下町人情にあふれる葛飾区には、火をつけて楽しむような悪党は少ないのか？と思ったら、違った。葛飾区の本田消防署では、独自に「消防だより」を発行し、地域に火災予防を呼びかけている。これの2008年1月号によれば、2007年に発生した火災の原因のうち、最多は放火で51件、次いでタバコが19件を占めるという。さらに、放火は2006年より、6件も増加したという。

新聞各紙を調べてみると、2007年9月21日には、無職の23歳の男が5カ所のごみ集積所に連続放火した容疑で逮捕。理由を「1週間前に解雇された会社に向かう途中、ごみなどに火を付けた」と供述。ところが2007年の新聞記事によれば放火で犯人が逮捕されているのは、これくらい。2007年5月3日には、金町で放火によって民家が全焼する事件も発生、ほかにも青戸の団地で、ごみ集積所が放火されたり、放火事件は度々発生し、紙面をにぎわせている。どうやら、ぼやの中で放火の占める割合はかなり高い様子。足立区よりも火事が少ないからといって、安心はできない。単純に足立区は火事（というか放火）が多すぎるだけなのだから。まあその分足立区は消防が優秀で、すぐに消してくれるわけだが。

また、本田消防署の「消防だより」によると、2007年に火災で死亡した被害者はいずれも70歳以上の老人。高齢化社会ゆえの問題は、こんなところにも出てきている。

では、葛飾区内の火災発生状況をさらに詳細に見てみよう。

足立区でも消防署管内ごとに火災発生件数の多寡があったが、葛飾区でも同じくである。本田消防署管内では129件なのに対して、金町は64件と約半分となる。本田署と葛飾署の管轄は中川～新中川の河川を隔てて分かれているのだが、両岸での火災発生件数の違いは、どうしたことだろう。被害の内訳をみても、放火が多いとかいうワケではない。それでは、防災設備が劣っているということだろうか。確かに、葛飾区の行政では、防災上脆弱な地域として、四つ木と立石を挙げている。いずれも本田署管内である。じゃあ、ここの消防水利がもの凄く不足していたりするのだろうか？

火災は少ないが消そうとしない？

葛飾区全体の消火栓・防火水槽など消防水利は6306カ所。うち本田署管内が3879カ所、金町署管内が2427カ所である。つまり、区全体では0・55平方キロメートルには、必ずひとつ、なんらかの消防設備がある計算になる。これは、消火設備が充実しているといわれる足立区の0・65平方キロメートルより、広い。明らかに金町署管内のほうが消防水利は不足しているのだが、火災は少ない。こうなってくると、理由を古い家が密集しているとかに還元するしかないのだろうか。

ともあれ、火災は多くの財産を失わせる。平成17年度に火災で失われた被害額は葛飾区が約6億2700万円。足立区が約4億3600万円である。

ん！　足立区のほうが火災発生件数が多いのに、被害が出ているのは葛飾区のほうだった。これは、より火災を防がなくてはという気持ちが強くなる。

きっと、葛飾区民も同じ気持ち、消防団にも参加したり、地域を守るために頑張っているに違いない。

ところが、葛飾区の消防団は定員１２００人に対して現員９２３名で充足率は76・９１％。これは、足立区の現員１１５１名、充足率91・３５％よりも遥かに少ない。

ジジババは独自の地域コミュニティを張り巡らしているのに、防災となったらコレかよ！　めんどくさいことは拒否する気なのか？　なんか葛飾区のビミョーさ具合がまた表面化してしまったようだ。

火災の回数の内訳

署	葛飾区	割合（%）	本田	金町
火災合計	193	-	129	64
人口比（%）	0.04	-	-	-
焼損面積（m2）	2,755	-	2,377	378
面積比	0.007	-	-	-
全焼	10	5.18	9	1
半焼	14	7.25	9	5
部分焼	27	13.90	17	10
ぼや	74	38.30	53	21
林野	-	0	-	-
車両	14	7.25	9	5
その他	54	27.90	32	22
管外からの延焼	-	0	-	-

署	足立区	割合（%）	千住	足立	西新井
火災合計	418	-	69	197	152
人口比（%）	0.06	-	-	-	-
焼損面積（m2）	3,342	-	137	1,150	2,055
面積比	0.006	-	-	-	-
全焼	15	3.59	-	5	10
半焼	14	3.35	2	6	6
部分焼	60	14.30	10	29	21
ぼや	155	37.08	21	84	50
林野	-	0	-	-	-
車両	31	7.40	6	13	12
その他	142	33.97	30	60	52
管外からの延焼	1	0.23	-	-	1

（東京消防庁統計書第 58 回より）

川に囲まれた地域のため、水防も重要な課題。毎年夏には本田署・金町署合同の水防訓練も実施されている

古い住宅が立ち並ぶ地域だけに、火災への危機感はかなり強い。住宅用火災警報機の設置もすすんでいる

行政はがんばっているが防災対策もあんまり進んでいない！

葛飾区は危険と安全の中間くらい？

関東大震災の時には、あまりにも田舎過ぎて被害も少なかったが、元来葛飾区は脆弱地盤の危険な土地である（関東大震災の時には、液状化現象が大発生した）。

また、葛飾区の面積のうち22％にあたる約770ヘクタールは、都市基盤整備すら行われていない。2005年に東京都が行った「第5回地域危険度測定調査結果」によれば、ランキング上位に入るほどの危険地域はないものの、建物倒壊の危険性が高い「中くらいに危険」な地域はけっこうある。

本気でシャレになっていない台東区や荒川区に比べればはるかにマシだが、

決して枕を高くして眠れるわけでもない。いかにも葛飾区らしい、ビミョーな結果といえるだろう。

こうした状況に対し、地元住民も「この街は古い建物が多くて危険」と思っているようだが、２００４年の区民モニターアンケートによると、防災は「行政に任せる」が47％と最多。

まあ簡単に家の建て替えなんて出来ないしね。

区はけっこう災害対策に熱心だが

災害に強い街づくりが重点的に行われているのは、四つ木地区と立石地区だ。東立石四丁目の場合、建築物の建て替えと道路整備がメインテーマ。建て替えと道路整備の目標値は２００６年をゼロとして、２００８年が5％、２０１５年に35％を目指す。これ、ちょっと動きが鈍くないかい。この調子だと、全部終わるのに30年以上かかる計算だ。

これでは地震が起これば目もあてられないことになるのは確実。そこで葛飾区では、耐震改修については区内全域で、建て替えについても一部地域では助成を行っている。しかし、２０１５年度までに耐震改修の目標は40件、建て替えは７００件。これも、ちょっと動きが鈍い感じ。

これに対して四つ木の防災対策は良い感じ。この地域では、道路が狭くて消防活動が困難な地域が残っている。２００６年の消火活動が困難な地域面積が約５・８ヘクタール。目標では、２００８年に４・８ヘクタールまで減少させ、２０１５年にはゼロを目指している。それに合わせ、歩道の拡幅や火避け地になる公園の整備も進める予定。このように、一部では順調に進んでいるところはあるが、今のところ行政の気合は空回り気味なようだ。

23区別地震で危険な町ワースト500の入っている割合

	町丁数	危険数	割合
台東区	108	61	56.5%
荒川区	52	25	48.1%
墨田区	104	38	36.5%
品川区	130	41	31.5%
新宿区	152	44	29.0%
大田区	216	55	25.5%
豊島区	83	18	21.7%
北　区	113	22	19.5%
葛飾区	155	29	18.7%
板橋区	134	24	17.9%
文京区	68	12	17.7%
渋谷区	80	13	16.3%
足立区	269	42	15.6%
中野区	85	12	14.1%
江東区	150	19	12.7%
江戸川区	195	20	10.3%
目黒区	88	6	6.8%
杉並区	139	6	4.3%
世田谷区	277	6	2.2%
中央区	98	2	2.0%
港　区	117	2	1.7%
千代田区	115	0	0.0%
練馬区	202	0	0.0%

（東京都都市整備局　第５回地域危険度測定調査結果）

博物館は多いけど公共施設のバランスが悪い？

あれっ！　葛飾区民って、意外と読書家だったのね？

「文教地区」という言葉は、葛飾区にはちょっと当てはまり難い。果たして、葛飾区にはどの程度の文化的施設が整っているのか。指標の一つになるのは、図書館の充実具合であろう。葛飾区に存在する図書館の数は、11館。館数では新宿区、文京区、江東区と並んで、23区中の第6位となる。

登録者数は20万4862人で、区民のうち40・31%が登録していることになる。対して、足立区は16館、席数は1512席、登録者数は20万1913人で、区民の34・93%。もうひとつ比較対象を示すと杉並区は17館で580席。

区民の登録率は20・９８％である。うむむ、こうしてみると葛飾区の人たちは、かなり本を読んでいる様子。

そこで、どんな本が読まれているのかと調べてみたら、２００６~２００７年で貸し出し数が最多なのは、『名探偵コナン第1巻』で２７１回も貸し出しがなされている。ほかには『キッパリ！　たった5分間で自分を変える方法』も２７１回。『さおだけ屋はなぜ潰れないのか？』が２６８回、また、『ダ・ヴィンチ・コード』は上巻が２６１回なのに下巻は２４８回。どうも、何人かは途中で投げたに違いない。ちなみに山田昌弘の『希望格差社会』は葛飾区、足立区はもちろん、23区のどこもが所蔵していた。

これを読んで「マンガくらい買えよ！」と思う人もいるかも知れない。それは、ちょっと性急な反応だ。

読書というのには、教養だけじゃなく娯楽としての意味合いもある。貸し出されている内容を見ると、葛飾区では読書が娯楽のひとつとして、定着しているんじゃないかと思うわけだ。

需要があるためか、葛飾区では２００６年度中の図書の購入費が23区中第3

位の16億８７３４万円。

一位は杉並区の25億１８３２万円、２位は江戸川区の18億８９４３万円。２００６年度中に図書購入費が10億を超えているのは、23区中の８区だけと考えると、かなり予算が裂かれていることが理解できるだろう。さらに、葛飾区では２００８年中に、金町駅前に新しい中央図書館が開館予定。

そのうえ、立石図書館も建て替え計画が進んでいるなど、図書館にかける情熱が大きい。

これは、やはり図書館が娯楽としての機能を十二分にもっているからに違いないだろう。

なんで、こんなにいっぱい博物館があるの？

これまで、葛飾区には、教養という言葉が似合わないような気がしていたけど、これは考えを改めなくちゃいけない。さらに、解説すると葛飾区には博物館も多い。遠い感じのある葛飾区だけど意外や意外、博物館はものすごく充実している。しかもオンリーワンの要素が強い施設も多数揃っている。代表格は、水元公園にある「金魚展示場」だろう。さらに、23区最古の木造校舎を利用した「教育資料館」もあるし、一度くらいは行ってもいいかなと思える施設は結構揃っているのだ。ただ、住民に喜ばれているかはちょっと疑問。金魚展示場に、行ってみたら客ゼロ。ま、冬だし仕方ないのか……。

住民も喜んで使いそうな施設を探してみたら……「かつしかシンフォニーヒルズ」は、ホールの音響設備が国内有数！　でも、1時間6万円って……。あ、必ずしも住民が使うんじゃなくて、区外からもコンサートを聞きにくるわけだ。

公営のスポーツ施設は少なすぎ！

それでは、運動施設はどうだろう。葛飾区にある公営のスポーツ施設は、総合運動場が1。温水プールが1だけ。足立区なんか、区内各地に合計37もの施設があるのに…。

さらに、葛飾区内の施設を調べていると、区民の施設利用が少ないことに気づく。例えば2006年度の地域産業振興会館（テクノプラザかつしか）の場合、区民のうち年度内に施設を利用した人の割合は展示ホールが0・25％。これが最多である。つづいて大ホールの0・14％、和室に至っては0・003％。この和室、公共施設なのにカラオケまで置いてあったり、サービス満点なのに、この利用率の低さはなんだろうか。京成青砥駅から徒歩12分という、不便なことが影響しているのだろうか。バスは目の前に止まるのに。

ハコモノはひと通り揃っている葛飾区。図書館はイイとして、その他の施設になると……。特にスポーツ施設なんて少なすぎだよ。

たぶん、運動したくなったら江戸川とか河川敷に行くんだろうな。あまり、自然に囲まれた風景というのも、どうよ？

葛飾図書館は、ワンフロアで、バリアフリーにも充分配慮。

水産試験場の跡地を利用した金魚展示場。冬場は訪れる人が少ないため、親切に説明してもらえてお得だ

エンゲル係数は足立区よりも高かった！

エンゲル係数でみると葛飾区の生活水準は低い

支出における飲食費の占める割合を、エンゲル係数と呼ぶことはよく知られている。一般には、この係数が高いほど生活水準は低くなるとされている。

それでは、葛飾区のエンゲル係数は、いったいどうなっているのか？　東京都総務局の「商業統計調査」をもとに、食料品販売の実態を調べてみた。これによれば、葛飾区に店を構える食料品販売店舗は、総数1201店舗、1店舗あたりの住民の数は110人となる。さらに詳しく、分類すると食料品スーパーは40店舗で1店舗あたり1万584人。食料品専門店は、782店舗で1店舗あたり541人、食料品中心店は、379店舗で1店舗あたり1117人となる。この数値を足立区と比較してみよう。足立区は店舗総数１５２４店舗で１店舗あたり４１０人。うち、スーパーは66店舗で９４６４人、専門店は９４５店舗で６６１人、中心店は５１３店舗で１２１８人となる。どうだろう、店舗の数自体は、足立区のほうが多いのだが、人口あたりでみると、葛飾区のほうが多くの店舗を抱えていることがわかる。

つまり、葛飾区は人口に対して、足立区よりも食料品販売店の密度が濃いわけだ。さらに売り上げを見てみよう。葛飾区の売り上げは、総数１０４３億３０８７万円。対して、足立区の売り上げは、総数１５２２億３２３６万円になっている。売り上げの数値も足立区のほうが遙かに高いが、これを区民一人あたりに割り振ってみると、葛飾区は24万６４４７円、足立区は24万３７２２円。食料品に費やす金額は、葛飾区のほうが多かったのだ。

葛飾区は物価が高い！

さらに、過去からの推移も確認してみよう。この前に行われた２００２年度

葛飾区と足立区の食料品販売状況

区市町村	業態分類	2004年店舗総数	人口／店舗総数	売り上げ／人口	2002年店舗総数	人口／店舗総数	売り上げ／人口
足立区	総数	1,524	410	243,722	1,713	363	254,483
	食料品スーパー	66	9,464	116,908	65	9,557	115,276
	食料品専門店	945	661	64,073	1,149	541	63,125
	食料品中心店	513	1,218	40,203	499	1,245	36,170
葛飾区	総数	1,201	110	246,447	1,354	101	256,802
	食料品スーパー	40	10,584	95,571	42	10,027	100,002
	食料品専門店	782	541	47,400	900	468	58,687
	食料品中心店	379	1,117	42,006	412	1,022	45,660

東京都総務局商業統計調査（平成16、18年度）より
★「総数」には百貨店など、その他表から省いた業態も含まれる

の統計では、葛飾区の食料品販売店舗は総数１３５４店舗、足立区は１７１３店舗。わずか２年あまりの間に、２００近い店舗が淘汰されていたのである。特に減少が激しいのが専門店と、中心店。商店街にあるようなタイプの店舗は２００２年以降にぐんと数を減らしたことが見て取れる。

人口一人あたりの売り上げでは、葛飾区は25万６８０２円、足立区は25万４４８３円。２００４年度の調

葛飾区は比較的ビンボーな地域だが、比較的品質の高い商品を扱うリブレ京成などの存在が、平均価格を引き上げている？

査に比べて、幾分か高い。食料品に使う金額が、葛飾区と足立区共に減少しているのは、共に貧しくなったのかとも思うが、どうもそうではないようだ。

この葛飾区と足立区の、区民一人が使う食料品金額の差をうみ出した要因はなんだろうか。やはり足立区のほうが安い店が多いということだろうか。

前著『足立区』でも触れたが、足立区は食品を含む生活必需品の物価が全体的に安い。これに対して葛飾区は、もともと食料品の物価が安いとはいえない。全体的な経済状況は葛飾区も足立区も似たようなものなのに、この差は厳しい！

葛飾区民は酒の飲み方がわかっている

それぞれの町に酒屋が6軒ずつ！

葛飾区には酔っぱらいが多い。という話をよく聞く。調べてみると葛飾区には「町」あたり酒屋が約6・3軒もある。足立区が2・9軒だから倍以上だ。これだけ酒の販売店が多いと、「酔っ払いだらけ」というレッテルをはられるのも無理からぬ話かもしれない。

近年の葛飾区で発生した酒にまつわる事件もなかなか派手だ。2007年7月には、高市早苗衆議院議員のSPが酔った挙げ句の痴漢で逮捕。2006年には63歳の男が「おかずが足りない」と酔った挙げ句の夫婦げんかで、仲裁に入った長男を出刃包丁で刺して重傷を負わせた。また、2005年には区立中学の校長が飲酒運転で事故を起こして逮捕。しかも、原因は生徒の父母らと花見をし、焼酎とビール数杯ずつを飲んだというから、驚いてしまう。

このような事件を見ると、葛飾区には、酔っぱらいが多いというイメージは、やっぱり本当だったと思うかも知れない。ところが、データを丹念に調べてゆくと、それとは相反した結果が導き出された。

警察のお世話になる人はけっこう少ない

警視庁の統計では、葛飾区内で警察に保護されたでい酔者は238人、酩酊者は107人である。この人数を、人口に対する割合にするとでい酔者は0・06%、酩酊者は0・03%。いずれもトップが千代田区になっているが、これは住民登録されている人口から算出したためだ。これを省いたとしても、葛飾区はでい酔者、酩酊者のどちらも思ったより人数が多くない。

警察の分類によれば、でい酔者は人事不省になるほど酔っぱらって、保護された人を指すそうだ。一方、酩酊者は、警察の分類では、酒に酔って公衆に迷惑をかける行為をして保護された人を指す。つまり、ちょっと酒に飲まれてしまった人が、これにあたる。こちらでは、葛飾区は23区中7位。でい酔者が15位なのに比べてちょっと順位が高いが、こちらも思ったより人数が少ない。しいていえば、でい酔することは少ないが、ちょっと酔っぱらってハジけてしまう人は多めというところか。

葛飾区に酒屋が多いということが、みんな酒好きで、所構わず酔っ払っているのではなかろうかと、イコールになりそうだが、実はそんなことはなかったのだ。

確かに葛飾区の人たちは、酒が好きかも知れない。でも、好きだからこそ、酒の飲み方を知っているのだ。

地域コミュニティの強い土地柄だから、年長者が酒の飲み方を教えるという文化も、上手く機能しているのかも知れない。

でい酔・酩酊による保護者データ

でい酔者		酩酊者	
	対人口比（%）		対人口比（%）
千代田区	0.55	千代田区	0.08
台東区	0.22	台東区	0.07
豊島区	0.18	新宿区	0.07
中央区	0.18	豊島区	0.04
新宿区	0.17	港区	0.04
港区	0.17	中央区	0.03
渋谷区	0.12	葛飾区	0.03
江東区	0.10	江東区	0.02
荒川区	0.10	荒川区	0.02
北区	0.08	渋谷区	0.02
目黒区	0.07	足立区	0.02
大田区	0.06	大田区	0.01
足立区	0.06	北区	0.01
品川区	0.06	板橋区	0.01
葛飾区	0.06	江戸川区	0.01
中野区	0.06	目黒区	0.01
板橋区	0.05	品川区	0.01
江戸川区	0.05	墨田区	0.01
文京区	0.05	文京区	0.01
墨田区	0.04	中野区	0.01
杉並区	0.04	杉並区	0.01
練馬区	0.03	練馬区	0.01
世田谷区	0.03	世田谷区	0.01

警視庁統計（平成18年度）より

公園がヤバい！トイレもないし遊具はサビサビ!!

基本設備に重大な欠落アリ

葛飾区の公園といえば、北東部にある23区内でも最大級の「水元公園」だ。だが、ここで取り扱うのはこういう巨大公園ではなく、街中の普通の公園。まあ、水元公園ってのもいろいろあるんだけど……。

まず、葛飾区の公園には重大な問題がある。それは、トイレがほとんど設置されていないことだ。

葛飾区でトイレが設置されている公園は8カ所。足立区は12カ所、港区は面積の狭い区にもかかわらず、34カ所ものトイレが設置されているのだから、明らかに少ない。トイレ一カ所あたりのカバー率を計算すると、葛飾区は4・3

35平方キロ、足立区の4・433平方キロより若干はマシではあるものの、急に便意を催したときに、どこに駆け込めばよいのか。港区はトイレ一カ所あたりのカバー率は0・598平方キロ。それでも、いざというときには「トイレどこだ」と必死で探し歩くことになるのだから、葛飾区では間に合わないことは必至である。

葛飾区の公園で整備が進んでいるのは、水元公園のみの様子。しかも、あそこは都立。区が管理している公園は、トイレのみならず、あらゆる面でヤバさが目立つ。

公園の重要な要素である、子供向けの遊具も、下手に使わないほうが良い程に老朽化しているのだ。

2006年の葛飾区の調査によれば、耐用年数を過ぎている遊具は、284。食べ物の賞味期限と同じで、ある程度サバを読んで年数を設定しているのだから、突然壊れるってことはないと思うけど、それにしても子供の安全のためにも考えたほうがよいだろう。もちろん、葛飾区としても耐用年数の過ぎた遊具の改修は進めている。目標値は、2008年度中に200、2011年度には

116、2015年度には32と順次減少させてゆく方針。ちょっと、ゆっくり過ぎるような気もする。ただ、2006年度のアンケートで、葛飾区の公園に満足している区民は46・4%。約半数が満足しているんだから、それほど、急がなくてもよいということのようだ。

また、公園の役割として、憩いと並んで重要な災害時の避難場所としての利用。けっこう危険そうな葛飾区なのに、2006年度のアンケートでは46・4%の区民が、災害に強い街になっていると回答している。外部から見ると、いったいどこが？　と驚いてしまうが、昔よりはマシになっているのだろう。公園の整備は、葛飾区民の感覚としては、着実に進んでいるのだ。

公衆便所数

	面積(km2)	公衆便所設置数	一つあたりのカバー面積(km2)
葛飾区	34.84	8	4.335
足立区	53.20	12	4.433
港区	20.34	34	0.598

（独自調査）

公園施設の再生事業・成果目標と目標値

成果指標	現状値	平成 20 年度	平成 23 年度	平成 27 年度
耐用年数を経過している遊具数	284	200	116	32

葛飾区基本計画（2006）より作成

公園・成果目標と目標値

成果指標	現状値	平成 20 年度	平成 23 年度	平成 27 年度
区民１人あたりの公園面積(m2)	3.76	3.89	3.99	4.10
災害に強い街になっていると思う人の割合(%)	46.4	47.5	48.6	50.0

葛飾区基本計画（2006）より作成

葛飾区民は不健康！医者はいるのに病院へは行きたくない!?

生活習慣病患者がめちゃくちゃ多い！

２００５年度、葛飾区民のうち、32・0%が区の実施する40歳以上を対象とした成人検診を受診したと答えている。人数では、７万３４６８人となる。この受診状況を、足立区、杉並区と比較してみよう。

２００５年の足立区における、成人検診受診者は、５万５９２４人。杉並区では９万１３０９人となっている。結果の内訳をみると、葛飾区では異常なしが７４４３人、要指導が３万５２６人、要医療が３万５４９９人。足立区では、異常なしが１万９０８人、要指導が２万２４５６人、要医療が２万２５７９人。杉並区では、異常なしが１万４２５８人、要指導が３万５８１８人、要医療が

４万１２３３人になっている。各区とも、受診した人数にばらつきがあるので、受診者のうち、異常なしと判断された、健康体の人の割合を出してみることにする。

葛飾区では、異常なしの人は受診者の10・13％。足立区では19・51％、杉並区では、15・62％となる。葛飾区の数値だけあからさまに低い。というより成人検診を待たずに、早めに医者に行った方がよいのではと心配してしまう。２００４年に葛飾区が実施した区民対象のアンケートでは、61％の人が、定期的に健康診断や人間ドックを利用していると答えており、健康に無関心というわけではないのだが……。

では、もしかすると葛飾区には医者が少なく、不便なために病院に通うのも億劫なのか？　と仮説を立て病院と診療所の状況を調べてみた。

東京都の２００５年の調査からみた葛飾区一病院あたりのカバー人口は約１万９４８２人。足立区は約１万４０４７人。杉並区は約２万９７８８人となる。続いて診療所では、葛飾区は約１３０２人。以下、足立区は約１５６０人。杉並区は約１００２人となっている。

病院の数は多いわけではないが、極端に少なくもない。少なくとも足立区よりはだいぶ上である。こりゃ単に、葛飾区民はあんまり健康じゃないのに病院が嫌いってことか？

※　※　※

区民の健康状況に関しては、2010年代に入って微妙に悪化している。2005年のデータでは、成人検診受診者の40％近くが要指導、半数近くが要医療だったのに対し、2014年になると要指導が約36％に減っており、その分要医療が増加してしまったのだ。

対して、健康状態の悪化した葛飾区民をケアする病院はというと、入院施設の整った病院が減少し、その分小規模の診療所が増えるという結果になっている。各病院の得意分野や技術力の善し悪しなど、病院を評価するには様々な要素を検討しなければ成らず、単純に数が減ったからといって葛飾区の医療能力が落ちたともいえないのだが、ともかく「成人病患者」が増え、「入院施設」が減少したのは事実。葛飾区の医療は、少々強化が必要になっているようだ。

病院・診療所の対人口比（2005）

区市町村名	病院総数	対人口比	区市町村名	診療所総数	対人口比
練馬区	21	33,516.67	江戸川区	383	1,732.98
江戸川区	21	31,606.33	足立区	405	1,560.84
中野区	10	31,247.70	板橋区	387	1,368.16
杉並区	18	29,788.39	練馬区	528	1,333.05
世田谷区	29	29,553.31	江東区	330	1,327.88
目黒区	10	26,789.40	葛飾区	329	1,302.75
江東区	17	25,776.47	荒川区	155	1,262.30
品川区	14	25,431.86	北区	279	1,188.06
台東区	7	24,096.14	大田区	572	1,181.67
中央区	5	21,373.60	墨田区	213	1,122.95
大田区	32	21,122.31	世田谷区	793	1,080.76
葛飾区	22	19,482.09	杉並区	535	1,002.23
新宿区	17	18,268.82	中野区	329	949.78
文京区	11	17,806.45	目黒区	300	892.98
墨田区	15	15,945.87	品川区	424	839.73
北区	22	15,066.77	文京区	251	780.36
足立区	45	14,047.56	台東区	244	691.28
板橋区	38	13,933.61	豊島区	401	641.31
荒川区	15	13,043.73	新宿区	580	535.47
港区	17	12,254.47	渋谷区	482	424.16
豊島区	21	12,245.95	港区	591	352.50
渋谷区	17	12,026.18	中央区	415	257.51
千代田区	17	2,585.06	千代田区	442	99.43

病院：入院ベッドが20床以上。入院医療が主体　診療所：入院設備がない、または入院ベッドが19床以下　東京都福祉保健局　2005年

病院・診療所の対人口比（2013）

区市町村名	病院総数	対人口比	区市町村名	診療所総数	対人口比
練馬区	19	37,724.79	江戸川区	408	1,648.37
世田谷区	26	34,167.04	足立区	409	1,645.56
中央区	4	32,986.50	板橋区	388	1,409.73
杉並区	17	32,627.00	練馬区	546	1,312.77
中野区	10	31,959.30	葛飾区	345	1,274.94
目黒区	9	30,468.22	江東区	382	1,255.40
江戸川区	23	29,240.70	北区	271	1,237.18
品川区	13	28,880.77	大田区	573	1,229.75
江東区	17	28,209.53	荒川区	170	1,219.12
大田区	29	24,298.07	墨田区	212	1,181.63
台東区	8	23,624.25	杉並区	494	1,122.79
葛飾区	20	21,992.70	世田谷区	839	1,058.81
新宿区	16	20,424.06	中野区	328	974.37
文京区	11	19,362.09	品川区	423	887.59
豊島区	15	19,020.00	目黒区	311	881.72
墨田区	14	17,893.21	台東区	227	832.57
北区	21	15,965.57	文京区	256	831.96
港区	15	15,006.13	豊島区	422	676.07
荒川区	14	14,803.64	新宿区	587	556.70
渋谷区	16	13,522.69	渋谷区	514	420.94
板橋区	41	13,340.90	港区	687	327.64
足立区	51	13,196.71	中央区	478	276.04
千代田区	15	3,487.60	千代田区	460	113.73

病院：入院ベッドが20床以上。入院医療が主体　診療所：入院設備がない、または入院ベッドが19床以下　東京都福祉保健局　2013年

葛飾区民はビンボーの年季が違う！

このビミョーさがプラスなのかも

23区でも有数の高齢化社会葛飾区。隣接する足立区が23区で一番平均年齢が低いのとは好対照である。

しかしながら、どちらの区でも、暮らしている人に話を聞くと「この街は暮らしやすい」と絶賛するのだ。この妙な愛郷心はいったいなんなのだろうか。

今回の調査によって、葛飾区の暮らしやすさの実態をかいま見ることができた。この街は、足立区と負けず劣らず、ビンボーが蔓延しているのだ。足立区の場合は、戦後に開発が進んでビンボー人が増えたわけだが、葛飾区はちょっと違う。戦前から、ずっとビンボーなのだ。つまり、ビンボーの年季が違う。

かくて、ビンボーでもなんとか暮らせるスキルを身につけているわけである。

さらに、ビンボー地帯であるから、家賃も安い。東京に住んでいて、一戸建てとなると夢のまた夢であるが、マンションならなんとか……。マイホームの夢を持つ人たちにとって葛飾区は足立区と並ぶ、最後の楽園なのである。しかも、下流社会、ヤンキー等々、悪名をとどろかせる足立区に比べたら、葛飾区は、人情、下町がキーワードだ。

「足立区にマンションを買った」

と自慢はできないけど、葛飾区ならば自慢ができる。それに、都心よりも家賃が安いからマイカー所有も楽々可能。

幹線道路沿いには、巨大なショッピングモールも整備されつつあるから、休日の娯楽も一カ所で堪能できる。2007年にオープンした巨大ショッピングモール「アリオ亀有」は入居店舗数123店舗。わざわざ都心に出かけなくても、大抵の用は足せる。緑が恋しくなれば、水元公園へ。入場料は無料だし、弁当持参ならば、ほぼタダで休日を過ごすことができるという寸法だ。

ただ。食費がちょっと高めなのがビミョーに難点なんだけどね。

「生まれてからずっと亀有に住んでいるという人も多い。人のつながりが濃くて、困ったことがあっても、いろいろと教えてもらえるのが、嬉しいですね。他の街に住んだけれど、やはり葛飾区に家族で戻ってきた人も多いですね」（代々葛飾に暮らす住民の話）

古くささが嫌じゃなければ

葛飾区は、気取らずに暮らすということでは優れているようだ。生活水準をアップさせるとか、よその家よりもいい暮らしをしようとか、そうした物質的欲望を捨て去ってしまえば、これほど暮らしやすい街はないだろう。

「お互いがおせっかいで、入ってほしくないところにまで入ってくることもあるけれど、気やすい人間関係の良さが自慢だね」（お花茶屋駅で出会った老人の話）

外部からの人間には理解できないような価値観や、因習も数多い。しかし、そこに魅力を感じられるのであれば、ぜひ暮らしてみる価値がある街だろう。

アリオ亀有には、イトーヨーカドーも入居。足立区と同じ大規模商業施設には、安いスーパーが必須である

ビンボーかもしれないけど、この街は確実に暮らしやすそうだ。休日の公園で遊んでいる人たちも楽しそう

葛飾区コラム ３ ローカル発信編

カルト番組で全国が注目するかつしかＦＭを訪問してみた

かつしかＦＭこと、葛飾エフエム放送は、葛飾区一帯をエリアとする、区民のためのコミュニティラジオである。周波数は78・９ＭＨｚで、葛飾区内ならどこでも受信が可能。通常、コミュニティラジオというのは、地域の情報を知らせるのが、主な目的として設立されているもの。役所からのお知らせとか、商店街の案内とか、そういったものが主な番組内容となるはずだ。

ところが、この、かつしかＦＭの番組はちょっと妙なラインナップに彩られている。

たとえば、ある日の番組表を見てみよう。

朝から放送されている番組は、地元企業の提供でおくるニュースと、トーク

玄関先に置かれた椅子が「謎」な感じを深める。きっと、初めて来た人が驚くのを楽しみにしてるのだろう

番組。休日なら、休日診療を行っている病院を案内したり、地域情報が中心。

なんだ、フツーのラジオじゃないか？　と思ったら大間違い。この放送局、独自番組のラインナップが、やたらと張り切っているのだ。

まず、紹介したいのは日曜の夜に放送されている人気番組「声優のたまごさん　ひよこさん　この指とまれ」。

タイトルから見てわかるように、アキバ系が入ってる声優番組である。いったい、なんの番組かと思ったら、俳優養成所が提供する声優番組だった。番組ホームページの紹介によれば、番組構成からスタジオでの音声収録まで、声優養成所の生徒が企画しているラジオ番組なんだとか。ちなみに、この番組、放送しているのは、かつしかＦＭと和歌山県にある、ＦＭマザーシップだけ。かなりレアな番組である。メジャーなものに飽きた声優オタにしてみれば、将来のスターの青田刈りができる番組といったところか。

さらに、番組表を見てゆくと、「メイクインかつしか」なる番組が。こちらも、番組提供が芸能プロダクション。

このように、番組ラインナップが、ターゲットを絞りまくった構成になっているのが、このラジオ局の特徴だ。

好事家には、よく知られている演劇集団キャラメルボックスが番組を持っているかと思えば、名も知らぬアイドルグループの番組があったり、ラインナップが先鋭的過ぎる。番組構成自体が、すでに前衛的といえるかも知れない。

果たして、肝心の葛飾区民が置いてけぼりになっていないか、少々心配。夜中にラジオ聞いてる人は「世間では、こういうものが流行ってるんだな〜」と思っているのかも知れない。

ちなみに、火曜日夜９時に放送されている「Ｇｒｏｗ－ｕｐ Ｓｏｕｎｄ」

という番組は、なぜか番組ホームページの掲示板（そもそも、掲示板しかないのだけど）が荒らされてトンデモないことに。アダルト画像が張られまくっているのだ。でも、最初に見たときは「ああ、アダルト番組も放映しているんだ…」と思ってしまった。すみません。

そんな、通常のコミュニティラジオとは一風変わった色のかつしかＦＭ。いったい、どんなスタジオで番組をつくっているのか訪ねてみることにした。

住所を調べると、葛飾区役所と同じ敷地内。なるほど、きっと葛飾区役所のビルに入居しているに違いない。と、いうわけで、楽しそうな番組…声優番組を放送している時間を狙って訪問することに。京成立石駅を降りて、一路、かつしかＦＭの放送局を目指す。ん？　ない。

葛飾区役所には、たどりついたのだけれど、どこにも、かつしかＦＭの案内がない。

グルグルと、あたりを巡っていると、倉庫のようなプレハブ小屋に「かつしかＦＭ」の看板が。まさかねぇ…。と思って、ちょうど回ってきた警備員さんに尋ねたら、やっぱり、ここだった。

驚いた。いくら、コミュニティFMといっても葛飾区の広報番組をつくっているちゃんとした放送局なのに、局舎はプレハブ小屋である。ちょっと、お金に余裕がある趣味人が建てた、アマチュア無線用の小屋みたいな感じである。

そもそも、あとで調べたら番組は、別にここで生放送しているわけではないから、スターはここにはこないんだってサ。ただ、それでもやっぱり放送局だなと感じたポイントも。後日、深夜に通りかかったところ、辺りは真っ暗なのに、このプレハブだけは煌々と日が灯っていたのだ。どうやら、技術者の皆さんは、昼となく夜となくこの中で頑張っているようだ。

この放送局、電波の出力の都合上、ラジオで聴けるのは葛飾区とその周辺に限られているが、ポッドキャスト配信を行っており、全国からマニアックなユーザーを獲得しているという。

ただ、人手が足らないのか、先述したように掲示板が荒れていたり、番組ホームページがリンク切れしまくりなのはちょっと気になる。

それでも、ちゃんとベリカード（受信証）も発行しているのだから、エライ。

そうした手作り感が、ユーザーの心を掴んでいることは間違いないだろう。

ちなみに、かつしかFMだけではなく、地元のテレビ局「JCNコアラ葛飾」も、やっぱり手作り感あふれる、
独自番組のラインナップが揃っている。定番の地域情報番組「デイリー葛飾」は、地域のイベントや犯罪や災害など街の出来事を伝える番組。その中で図書館の新刊情報を伝えるコーナーなんてのもあるのだ。やはり、葛飾区の人々にとって、図書館はもっとも身近な存在なのだろうか。また「国会トピックス」なる国政を語る番組も放送中。コミュニティ番組で国政を語るのも珍しい。いったい、誰が語るのかと思いきや地元選出の国会議員が解説者だった。旅行番組「遊湯紀行」は、毎回紹介する内容が、東京都近郊の温泉ばかり。番組を見た人が「明日は休みだからでかけようかねぇ…」とお茶の間で相談している姿が目に浮かんでくる。

それにしても、ラジオならともかく、テレビが地元感溢れるってなにか妙な感覚だな。ただ、こちらの放送局は、昨年の合併で松戸市に移転したとのこと。

機会があれば、訪ねてみたいものである。

第５章
葛飾区のヤンキー度は？

高校が荒れている？　偏差値・退学率ともに足立区以下

少年犯罪がヤバい　陰惨な事件もあるぞ

街中がヤンキーに溢れた日本のヨハネスブルグ的なイメージのある、足立区（実際は自転車ドロボーが多いだけで、案外安全な街なのだが）に比べて、葛飾区でヤンキーというイメージは、あまり聞かない。しかし、葛飾区は足立区と違って、品行方正なヤツらばかりかといえば、そんなことはない。どこにでもイカれた連中はいるのだ。

２００６年には、葛飾区内で連続10件にのぼる放火を繰り返した小学五年生の男児が補導された事件もあるし、たとえ子供相手でも気を抜いてはいけない。中学生になったりすると、もっと常識外れの悪いヤツがいる。２００４年には、グループから抜けようとした友人を全裸にして写メールで撮影という陰湿なリンチ行為を行った女子中学生グループが補導されている。

足立区研究の際には、世界一を目指して「チョモランマ」を名乗った中学生窃盗団の事件や、足立区制覇を目指して補導されたグループの事件を発見した。足立区の事件には、なんとなくほほえましささえ感じたのだが、葛飾区の事件は少し毛色が違うようだ。

学力もヤバい？　都立高校はことごとく……

こうした葛飾区の子供たちの学力はいかほどのものか。まず、高校の偏差値から調査してみることにした。

葛飾区内には、高校は都立が５校、私立が２校の合計７校存在する。平均偏差値は43・５。足立区の平均は、46・27だから、偏差値を見る限りは足立区よりも学力が低いということになる。

ちなみに偏差値がもっとも高いのは、私立共栄学園。バレーボールの強豪と知られ、益子直美の出身校でもある。2001年から共学化されたこの高校は、最近全国的に流行している中高一貫教育も行っている。大学合格者は、在籍者の112%。進学希望者はかなりの割合で大学に進学している。進学先の大学名を見ても、筑波大、東京外語大などなど、なかなか優秀な感じ。ただ、これは足立区における私立足立学園と一緒で、葛飾区においては特殊な高校であるようだ。

葛飾区の高校の最低偏差値は38。東京都立葛飾商業高等学校、東京都立農産高等学校、本所工業高等学校（2007年から葛飾総合高等学校へ移行）が、そろって偏差値38なのである。いや、これは足立区よりヒドい。足立区でも偏差値が40を切っているのは足立東高等学校だけなのだから。

これらの学校の、卒業後進路を調べてみた。

まず葛飾商業のサイトにアクセスしてみると、進路のページがまず近年の求人動向から始まっている。進学は第二候補ですか！　一応記しておくが、ちゃんと大学に進学している生徒もいる。進学先は江戸川大学、東京富士大学などだ。

農産高校と本所工業は、改めて記すまでもなく……というか、農産高校は卒業後の進路のページが消えてるし……。よほど誰にも見られたくないのか？

こうした高校でも社会に出てから大成した著名な卒業生はいる。まず、葛飾商業は寅さんが中退している設定。現実だと、女子プロレスラーのマッハ文朱がいるらしい。うおー懐かしい名前だー。つーかビミョーだ。本所工業はタレントのなぎら健壱や俳優の原田芳雄、ＣＣＢの笠浩二。これはなかなか。

農産に至っては出身の著名人を見つけられなかった。ちなみに、葛飾商業、農産高校はともに定時制過程がある。

ただ、偏差値の高低のみでは、人の価値は計れない。卒業して真面目にやっているヤツらもたくさんいるだろう。

「俺も昔はヤンチャしてさぁ」

とかいいながら。でも、こんな証言も。軽く調べてみると、農産高校出身者は、農業系や酪農系の専門学校からその道の本職へ、本所工業は地元就職が多いとか。

「テストの問題で漢字にルビを振らないといけないくらい、学力は酷いけどそれ以上に問題なのは、生徒指導。なにせ、授業はきちんと席に座らせるのに10分くらいかかるんだからねェ」（区内の高校教師談）

……さすがにここまでくると眉唾ものである。本当だったらとても社会に出たら云々と言えそうにないではないか。

退学者がヤバい　その数は足立区以上

では、本当にそんな生徒が居るのかどうかを調べてみよう。見るのはただひとつ、退学データだ。

都教育委員会の2004年、2005年の統計によれば、葛飾区でも退学者がもっとも多いのは2005年の本所工業で16人、全生徒の20・3％が退学。また、2004年の南葛飾高校。退学者は96人で、全生徒の15・1％が退学しているのだ。南葛飾高校は冒頭でルポしたとおり、『キャプテン翼』の作者、高橋陽一の母校。高橋は無事に卒業している。もう一人の著名人であるアイドルグループ「少年隊」リーダー・錦織一清は、途中で明治大学付属中野高校に転入した挙げ句中退。ま、芸能人に学歴は関係ないと思うが。

しかし、南葛飾高校は東京府立第十六高等女学校以来の伝統校なのに、この体たらくはなんだろうか。ただ、２００５年は、退学者は42人で７・２％と半減しているところを見るとなにか事件でもあったのだろうか。新聞等によると、２００２年から、近隣住民の苦情の削減割合を設定して生活指導に取り組んだのだという。なんでも２００１年には、「生徒がたばこを吸っている」「食べた後のカップめんの容器を路上に放置している」などといった周辺住民からの苦情が42件も寄せられたのだという。数値を公開することで、地域との連携が深まるメリットもあると判断したそうだが、生活指導の強化にムカついたヤンチャ坊主が揃って退学したんじゃないのか？

それにしても、葛飾区は全体的に退学者が多い。足立区にも退学率が２００４年には12・１％、２００５年には13・０％とダントツを誇る都立青井高校が存在するが、ほかは２００５年の足立東高校が９・２％と高いことを除けば常識的な数値。いや、これが常識的に見えるのは、筆者がおかしくなっているのかも知れないが。これと比べると、葛飾区の退学率の高さは異常である。

受験シーズンになるとポップな張り紙が。授業で育てた野菜を販売しており、近隣住民には親しまれている

名高いヤンキー地帯である足立区よりも退学率が高いということは、実は葛飾区のほうが足立区よりもヤンキー度が高いんじゃないの？　実際、取材中には真昼間から駅前をうろつくどうみても見てもハタチ前の少年少女が散見されたし、豹柄のベビー服を着せられた赤ちゃんなんかも見かけたしね。

都立高校の退学率

葛飾区					
	2004年		2005年		偏差値
	退学者数	退学率	退学者数	退学率	
葛飾野	14	1.7	8	1.0	45
南葛飾	96	15.1	42	7.2	40
葛飾商業	29	4.8	47	7.8	38
農産	20	4.4	18	4.2	38
本所工業	7	8.2	16	20.3	38

足立区					
	2004年		2005年		偏差値
	退学者数	退学率	退学者数	退学率	
江北	3	0.3	3	0.3	53
足立	22	2.3	19	2.3	49
足立西	18	2.6	9	1.3	47
足立新田	23	3.2	5	0.7	42
淵江	46	6.7	52	7.7	42
荒川商業	31	5.1	23	4.0	42
青井	67	12.1	76	13.0	41
足立工業	26	5.3	19	3.8	40
足立東	46	9.0	50	9.2	37

各区発表データ（2016年1月）

大学にいけない！　というかそもそも進学を希望しない？

大学進学率は23区最低クラス

今やどんなバカでも大学生になれる時代である。２００７年度に日本は入学希望者と定員が同数になる大学全入時代を迎えたとされる。つまり、選り好みしなければ、どこかの大学には必ず入学できる。「駅弁大学」どころか「コンビニ大学」の時代を迎えているのである。

しかも、こうした時代にあって、大学のほうも定員を確保するために四苦八苦。たいていは、ＡＯ入試（筆記試験ではなく、志望理由書や面接のみで行う試験）の枠を設けて、学費を払ってくれるならば、誰でも合格のお客さま扱い。無理をして学生を集めたために、最低限の学力すらない、本当に「できない子」

というのが、山のように集まってしまった大学もあるそうだが。

　前置きはこれくらいにして、現在の大卒と高卒の年収格差は約１・４倍といわれるから、卒業しといたもの勝ち。こうして日本の高校生たちは、とりあえずなんでもいいから、大学に進学してゆくわけだ。

　ところが、である。葛飾区はここでも昭和を引きずっていた。葛飾区の高校卒業者で、大学等（短大なども含む）へ進学したのは、平成18年の調査では卒業生のたった34・８％だけ。23区の平均は、59・９％であるから、明らかに少ない。それどころか、学力が低いといわれている足立区は34・２％が進学している。退学率も葛飾区のほうが多かったし、とにかく葛飾区の「勉強のレベル」はあらゆる面で足立区と同レベルだったのだ。

進学する気すらありませーん!?

　葛飾区が２００７年に公表した、全公立中学生を対象にしたアンケート結果によると「将来、どの学校まで進みたいですか」という設問に対して、高校が

26・4％、専門・各種学校が24・7％、短期大学までが、7・6％、四年生大学までが、29・8％、大学院までが7・3％となっている。

つまり、上記の「大学進学率」は短大や大学院も含むから、現実の34・8％を上回る44・7％が大学進学を望んでいるわけだ。経済的な理由や単純に勉強に向いていなかったなどの理由で大学進学を断念するケースは当然あるから、まあこりゃ当然ですな。「100％大学進学時代」にしては、ちょっと少なすぎるような気もするけどね。

いや、ちょっと待て！　23区平均の大学進学率が約60％でしょ。進学する意志があっても断念するケースを含めれば、23区の大学進学希望者は確実に60％以上いるといえる。なのに、葛飾区の中学生は「大学に行きたい」という意志を持っている生徒数の時点で、「実際に大学に進学した」23区の平均を遙かに下回っているのか!!

どうやら、大学まで進学する意志のあるような生徒は、中学の時点で葛飾区から脱出しているようだ。さもありなん。これでは、学力なんて上がるはずもない。こうして、葛飾区は、学習意欲の少ない生徒ばかりの地域になってしまっているのか。

それにしても、進学の意志や進学率が低い理由はなんだろうか。やはり、これも高校中退が多いのと同じで、葛飾区の環境だからだろうか。

フリーター率は相当高いぞ！

そんな葛飾区、進学以外の選択肢は当然就職かと思ったら、違った。葛飾区の高校卒業者の就職率は、28・3％。足立区の19・8％よりは高い。けれども、進学にも就職にも入っていない人間が相当数いることになる。前出の進学率データで見る限り、大学など、専門学校、就職をのぞいた進路、つまりフリーターやニートを含む「その他」は15・8％で、23区平均の10・2％を大きく上回っている。ちなみに足立区は16・4％と葛飾区より上だ。

つまりこれは、葛飾区には、フリーターやニートが、かなりの数群れているということではないか。この数値を見てよくわかった。どうりで葛飾区でも足立区でも、昼間からジャージ姿でパチンコしてる若者が多いはずだ。

このように、大学生であることがマイノリティになってしまうような葛飾区。しかし、その葛飾区にも大学があることは、あまり知られていない。「東京聖栄大学」がそれだ。足立区では2007年に、区内初の大学である「東京未来大学」が開学し、区を挙げてのお祭り騒ぎとなった。それに比べて葛飾区のほうは、前身の短期大学が1963年に開学しているから、歴史は長い。代々木ゼミナールの偏差値も、東京未来大学が45なのに対して、こちらは管理栄養学科が46、食品学科が43。管理栄養士の資格を取れるということで、最近は人気を集めているという。（詳細はコラムで）

さらに葛飾区でも新たな大学誘致を目指して2008年1月に、区が「大学誘致担当課長」を新設している。場所は、都市再生機構が保有する新宿（にいじゅく）6丁目の三菱製紙旧中川工場跡地のうちの約11ヘクタールの土地だ。今年4月から具体的な選定作業に入る予定だが、いったいどんな大学がやってくるのか、目が離せない。

足立区では、「子供には勝ち組になってもらいたい」と夫婦共稼ぎで必死に働いて、子供を学習塾へ通わせている貧困家庭の話も伝え聞いたことがある。

ところが、葛飾区ではそうした教養とか学習に関する話を耳にすることがほとんどない。それどころか、「大学とか行ってってなんか得なことあるの？」と考えている人がやたらと多い。そういった意識は、平成になって消滅したものだと思っていただけに衝撃は強い。

現に、葛飾区では「予備校」と呼ばれるものも数少ない。（そもそも、葛飾区には実績のある大手が少ない）わずか、５校。足立区でも８校が「予備校」の看板を掲げているというのに。

産業構造どころか、住民の意識すら時代の変遷についてゆくことができていない。もしかしたら、彼らの親の世代は非常に保守的で、「大学なんか行く必要はない！」という自分たちの経験主義で、子供達に接しているという環境が大きく影響しているのか。まあともかく「今風」でないことだけは確かだ。

小学校はけっこう充実！
環境面は上向き　でも成績は停滞？

葛飾の小学校は悪くないのだ

生活習慣や学習への意欲など、小学校の頃にある程度植え付けておかないと、一生ダメになってしまう部分というのは結構ある。ゆえに、小学校が既に崩壊しているようなら、葛飾区ももうお終いということになる。

いったい、どんなもんだろうと、ドキドキしながら調べていたら、ホッとした。なんだかよくわからんが、小学校に対する施策はやたらと手厚いのである。

そんな中でも、もっとも力が入れられているようなのが、小学校のトイレ改修である。

トイレを修繕することに、なんか意味があるのか、と思わないでもないが、葛飾区の資料によれば「教育環境が改善される」そうだ。

具体的には、和式便器を洋式便器に取り替え、照明器具の増設。そして、洗面所のグレードアップが主な内容だという。

２００６年度では、対象となる学校のうち改修率は28％。これを、２０１１年には80％、２０１５年度で１００％を目指すという。２００４年度の区民モニターでは、重要度が6点満点のうち、５・４点とかなり高いところを見ると、よほどトイレが酷いのかと、驚いてしまうのだが……。

校舎がボロボロ！　現在リフォーム中

そのトイレと同じく行われている校舎の耐震改修事業。こちらは、２００４年度の区民モニターでは重要度が５・６点と、トイレよりもさらに高い。というむ、どうやら葛飾区はよほど校舎に難ありなところが多いようだ。というわけで、耐震改修はフルスピードで行われている。２００８年度中には、すべての校舎の耐震改修が完了する予定だ。

なお、耐震改修というのは、柱を増やすとか鉄骨を増やすとかが主なものかと思っていたら、違った。外壁、屋根、電気設備などの改修も含まれるのだ。要は住宅リフォームが巨大になったバージョンということか。それなら、

「教育環境が……」

という目論みも理解できる。

で、こうした改修事業だが、教育関係者の中では、かなり効果が期待されているという。

というのも、「荒れている学校」というのは、最初はトイレや特別教室など目の届きにくいところから、ダメになってゆくそうだ。

ちなみに、なんでまた、改修に合わせてやたらとトイレを洋式便器に改造しているのかと思ったら、こちらも、多くの家が洋式便器に変わっているので、学校と家の両方で生活習慣を身につけさせる効果が期待できるから、だそうだ。

カウンセリングにとっても熱心

しかし、まあ、カネのかかる取り組みというのは予算の兼ね合いで限界がある様子。それは仕方ない。

葛飾区ではスクールカウンセラー事業も熱心に進めているが、コイツはカネも改修事業よりは割安だし、とにかく「やってますよ」感がアピールできるからかなと思ったら、もっと重大事らしい。

葛飾区の資料によれば、2006年度の時点で、児童・生徒の学校生活満足度は75％である。目標として、これを2011年で81％、2015年で85％までアップさせるとしている。うーん、10年経っても85％ってあまりアップしているような気がしない。これでは、クラスに2〜3人は必ず、カウンセラーのお世話になる子がいるという感じなんじゃないだろうか。まあ、それだけ子供の世話というのは、困難な事業だということか。

葛飾区では、ほかにも豊かな心の育成に成果値を定めている。豊かな心を数値にできるのか？　という疑問は脇に置いて、その数値を見てみよう。

この中に「あいさつや工夫などを実践している児童（生徒を含む）」という項目がある（工夫ってなんだろう？）。

こちらは2006年度で64％のものを2015年に75％まで引き上げるのが目標だ。「あいさつ」って、そんなに礼儀も知らない子供が葛飾区全域に溢れているのだろうか。目標値でも75％ってことは、かなりの確率で登校中に近所の人に挨拶できない子供がいるってことになるのではないか。「下町」を謳ってんだからさぁ……。

しかし、最近の小学校では全国的にこれが常識らしい。「不審者対策」などで、あんまり誰にでも挨拶しないよう、教育しているというのだ。なんかこれ、ちょっとなぁ……。目標と現実の間に絶対的な矛盾があるように思えてならないんだけど、どうだろうか？

成績には結びついていない

そんなこんなで、なかなか気をつかった施策が目立つ葛飾区の小学校。肝心の学力、ということで、まずは児童の意欲データを調べてみた。中学生を含むデータしか公表を確認できなかったため、多少のブレがあるのは仕方がないだ

葛飾区の小学校は、詰め込み教育的な授業には興味がない。確かに小学生時代くらいは「学校は楽しい！」でいてほしいけどね

ろうが、現状値を見る限り非常に平均的だ。しかし、学力テストの結果はちょっと……。というか足立区に僅差で負けかよ！　トップと25点差って相当のものじゃないか？

家庭教育のパワーダウンやゆとり教育の功罪が問われる昨今だが、どうもこれらを見ると、葛飾区ってそういう「今風の問題」とはそれほど関係なく、現状がそこそこ居心地良いから、なんでもそのまま放っておいた感がするんだよなあ。「それでいいじゃん」が葛飾区民の本音なのだろうか。

公立小学校のとりくみ一覧

小学校カウンセラー事業	学校施設の耐震化と大規模改修
学校トイレの改修	地域人材の活用

学校トイレの改修・成果目標と目標値

成果指標	現状値	平成 20 年度	平成 23 年度	平成 27 年度
トイレ改修率（%）	28	51	80	100
改修後の児童の満足度（%）	86	90	90	90

学校施設の耐震化と大規模改修・成果目標と目標値

成果指標	現状値	平成 20 年度	平成 23 年度	平成 27 年度
耐震補強工事実施率（%）	62	100	-	-
大規模改修工事実施数（%）	0	5	18	34

家庭や地域との連携・成果目標と目標値

成果指標	現状値	平成 20 年度	平成 23 年度	平成 27 年度
学校での地域人材の活用者数（人）	1,175	1,210	1,246	1,293
学校の行事などに参加している区民の割合（%）	16.9	17.8	18.8	20.0

学習成果目標（仮）

葛飾学習チャレンジ教室・成果目標と目標値

成果指標	現状値	平成 20 年度	平成 23 年度	平成 27 年度
小学生の検定合格率（%）★	28	51	80	100
改修後の児童の満足度（%）	86	90	90	90

★数検６級以上または漢検５級以上の合格者数÷６年生人数

学力は足立区とほぼ同レベル！努力量は低レベル？

中学に上がると勉強をしなくなる？

大学進学率は足立区と似たり寄ったりの葛飾区。じゃあ、足立区で話題になった「東京都学力調査」など、葛飾区の学力を細かく調べてみた。

近年、日本では盛んに理科に興味を持っている子供が減っていると喧伝されている。葛飾区の場合、中小工場がまだまだ多く残されているし、理系学問への意欲が低下するのはかなり死活問題だ。

資料によれば、葛飾区で理科を好きだと感じている児童の割合は2006年度で76％。これも増加させる目標値があって、2011年度までに82％、2015年度には85％までに伸ばすことが成果目標になっている。目標値を設定した2006年度で76%まであるのだから、これは結構安心だろう。と、思ったらそんなに甘い話ではなかった。

この数値と成果目標は、「生徒」つまり中学生を別で設定しているのだが、こちらの数値が厳しい。2006年度の時点で理科に興味を持っている生徒は、わずか56%、成果目標も2011年で65%、2015年で70%とかなり弱気である。

つまり、小学校時代には理科に興味を持っていたのに、中学校になった途端に、興味を失うことが非常に多いのだ。

この理由は、やはり中学校では理科の中に物理が入ってくるからに違いない。中学校になると、計算式ばかりの物理が登場するし、ほかのジャンルでも覚えなきゃいけない科学用語が多い。要するに、ちょっと難しくなると嫌いになっちゃうってわけか。

中学生になると本も読まなくなる

次に見るのは読書量。「学習意欲」をはかるなら、どのくらい本を読んでるかも重要でしょ。

２００６年度の統計では、小学校１年生の時点では平均読書量は５・１冊である。ところが、中学３年生は１・３冊。ぐわー、また中学にあがったら激減ですか。

ちなみに、読書量増加の成果目標は小学一年生の場合２０１５年までに５・５冊。中学３年生では１・７冊となる。この数値の増加の少なさを見ていると「本を読まないヤツは、どう尻を叩いても無駄だし」といった声が聞こえてきそうである。

そもそも読書の習慣は環境に左右されるものだ。家庭や学校など周囲の環境に読書の習慣がないと、身に付かない。中学校で読書量が激減しているというのは、そもそも読書の習慣があっても、その行為自体がマイノリティになってしまうからなのかもしれない。学校でマイノリティになってしまうことを恐れて、自然と読書から遠のいてしまうのだ。

続いてお待ちかねの「東京都学力調査」。東京都の平均点合計311・2点に対して、葛飾区は305・5点。この点数、なんと、足立区と並んでいるのだ。中学1年生を対象に実施された「児童・生徒の学力向上を図るための調査結果」を見ても、東京都の全科目平均正答率が70・96%なのに対して、葛飾区は68・2%である。足立区の67・56%よりは、幾分かマシというレベル。

努力のあとが見えづらいよ！

つまり、葛飾区の学力は、大学進学率と同様に、やっぱり足立区と似たり寄ったりだったのだ。これまで足立区は学力が東京で最低レベルと注目されていた。その結果、なりふり構わぬ政策で、学力アップを図ろうとする姿が、一層注目を集めて足立区イコール学力が低レベルという印象を持たれていた。でも、それでも、一所懸命に手を打とうとしているのだからよかった。葛飾区はというと……、トイレとかやっている場合じゃないよ！ といった感じ。

橋下弁護士（元大阪知事）の「学力別クラスを」提案や、杉並区和田中の「夜スペ」が話題だが、葛飾区にも少しは本気になってほしい、というかアピールしようよ！

※　※　※

プライバシーに配慮して、詳細な点数を発表しなくなってしまった東京都の学力調査。今はグラフの棒の長さでその結果を判断せねばならなくなったため、正確な結果はわからないのだが、少なくとも葛飾区の成績はあまり向上していないようだ。２００７年の時点でも、中学校は足立区より点数をとっていたが、小学校ではすでに足立区に抜かれていた葛飾区。この傾向は強まっているようで、「中学校まで学力の向上が見られる足立区」と「相変わらずな葛飾区」という図式が出来てしまっている。葛飾区教育振興基本計画である「かつしか教育プラン」にも、どうも「のびのび教育」「運動機会の確保」「道徳教育の充実」などの言葉が多く、ギスギスと学力を上げよう！　という気合はあまり見受けられない。何事ものんびりとしている葛飾区。教育指針も、ほとんど変わらずほんわか具合が続いているようだ。

犯罪は大したことなし！強固な地域ネットワークが葛飾区を守る！

葛飾区の犯罪は足立区と同レベル？

さて、前著『足立区』では、警視庁の統計を基礎資料にして、足立区のヤバさを検証した。そこで見えた結果は……、「軽い不良はいっぱいいるけど、そんなに凶悪でもない」という感じだった。今回も、葛飾区の犯罪発生件数を検証し、ヤバさを考えてゆきたい。

教育面で足立区と同等のレベルを誇る葛飾区なんだから、犯罪も同レベルなんだろうなあと思ってしまうがどうだろうか。

まず、少年犯罪の統計から見てみよう。警視庁が発表している最新の統計は

2006年度（平成18年度）のものなので、特筆がない限りは、そういうことで。

さて、2006年度に葛飾区で補導された不良少年の数は、3900人。東京都の総数は7万5954人だが、これを示してもどの程度なのかわからないので、足立区の数値も示そう。足立区では補導数、3660人。

おお！　ここでも葛飾区が足立区を抜いてしまったぞ。やはり、葛飾区は足立区を越えた犯罪都市だったのか。「下町イコール学のない粗暴な人々が集っている」というステロタイプなイメージは当たっていたのか？

警視庁の統計は親切なことに補導の理由を行為のジャンル別に示してくれているので、精査してみる。飲酒は、葛飾区が63人なのに対して足立区は95人。一方、喫煙は葛飾区が926人に対して足立区が874人と、葛飾区が多い。ほかに葛飾区が足立区を上回っている項目をみてみよう。刃物等所持は、葛飾区が2人に対して足立区が1人。深夜徘徊は、葛飾区が2866人に対して、足立区は2587人である。不健全娯楽は、葛飾区が8人に対して、足立区が2人である。

高校時代を思い出してにもらえば、わかると思うのだが、大抵のワルを気取っているヤツは、トイレでタバコを吸うものだ。そこから、次第に夜遊びとかして不良化が進行してゆくわけである。

ワルガキはいるが危険度は大したことなし！

と、考えると、どうも葛飾区の補導されてるワルというのが、単にイキがっている小物ばかりのように見える。そもそも、警察だって仕事でやっているわけだから、めんどくさそうなヤツは相手にしたくない。繁華街の職務質問で、なんだか弱そうなヤツにばかり声をかけているのはその典型例だ。そう考えると、深夜徘徊や不健全娯楽（要はパチンコとか）で、補導されている葛飾区って「見た目は不良で、中身はけっこう普通の子」ばかりってことなんじゃないか？　つまり、足立区とは学力の低さも補導数もレベルは同程度なのに、本物のワルは少ないのだ。足立区だって、それほどのワルはそんなに居ないのだから、実は葛飾区の少年犯罪は、かなりヌルいもののようだ。

やはり、「昭和の香り」を残す葛飾区は、基本的に内社会。だからあまり悪事を働いていると、地域から排除されてしまう可能性がある。それを恐れて、あんまり突拍子もない悪事は働かないのかもしれない。とにかく、この数値をみて葛飾区の不良共は、たいしたことないヤツらで確定。

ただ、刃物等所持で補導されてるヤツもいるし、刺されないように気をつけたほうがいいけどね。

どうにもヌルい印象の葛飾区成人犯罪

続いて、成人犯罪の統計を見てみよう。2005年度、葛飾区で検挙された総数は7146人。足立区の1万3419人より格段に少ない。そんな葛飾区だが、どんな犯罪が発生しているのかというと、まず強盗が23件。これは足立区の25件と並ぶ数字だ。

強盗という犯罪は結構リスクの高いもので、かすり傷でも負わせれば傷害がプラスされちゃうし、目撃者がいるわけだから、証拠も残りやすい。よほどカネを貯めこんでいる家でも狙わないと割に合わない犯罪だ。つまり、リスクを考えない野獣のようなタイプの悪党が多いということか。

ほかの犯罪を見てみると、傷害とか脅迫とかは、まあこんなもんかといった感じ。足立区の犯罪件数をやたらと跳ね上げているのは、窃盗なのだが、それを除けば各犯罪の構成比率は似たりよったりというところだ。統計では犯罪の内容までは記していないので、具体的にどんな犯罪が新聞沙汰になっているのか拾ってみた。

気になった事件をピックアップしてみると、

「アパートの保証人になることを断られた腹いせに実の兄（66歳）を車で拉致して逮捕された59歳弟」

「誘拐を自作自演して交際相手の男性から100万円を脅し取ろうとした、41歳独身女」

「偽グッチを販売した42歳女」

う〜ん、どれを見ても犯罪のスケールが小さい。インサイダー取引とか、M資金詐欺とか、どうせ逮捕されるならもっと大きなことをやれよと思ってしまう。

どんな犯罪にも、人間くさい香りが漂ってしまうのは、葛飾区らしさなのか。それにしても、少年犯罪の少なさに比べて、成人犯罪は少々目立つ。これは、葛飾区が犯罪者に狙われやすい街ということかも知れない。確かに、川を越えれば千葉県で、警察も管轄が違う。窃盗犯なら、ひと仕事して川を越えれば足がつきにくいとか、メリットもあるのだろう。

地域ネットワークが犯罪の凶悪化を防ぐ

さて、次第に足立区と同じテイストを持っていることがはっきりしてきた葛飾区。ただ、それでも救われているのは、まだ地域のネットワークが機能しているからだろう。

ま、ご近所の目が行き届くというのは、別の視点からみると、監視体制が構築されていることになるんだけど。

その監視体制のためか、家出人と迷い子は足立区に比べて格段に少ない。

2005年度の統計によると、葛飾区での家出人の総数は224人。足立区は432人だから、ほぼ半分である（捜索願が出た分だけ）。迷い子に至っては、葛飾区は240人。足立区は988人も出ているところを見ると、随分平和に感じる。やはり、ご近所の監視体制がしっかりしていることは間違いないだろう。これなら、子供を外で遊ばせても安心だ。

「子供にはのびのび育って欲しい」

と思っているような家庭は、ぜひ葛飾区に引っ越すべし。ただ、生活の細部まで余計な干渉をされそうだけどね。

さて、最後に姑息な犯罪の代表例である乗り物盗も見てみよう。

葛飾区では、2006年に乗り物盗の認知件数、2535件となっている。足立区は4758件だから件数そのものは少ない。ところが、葛飾区で、持ち主の手元に戻ってきた件数はというと、446件で17％。足立区は1118件で24％と葛飾区を越えている。葛飾区では自転車を盗まれたら、足立区よりも戻ってくる可能性が少ないのだ。

いったいこれは、どうしてなのか？

犯罪少年（刑法犯）の罪種別検挙人員

	総数	飲酒	喫煙	薬物乱用	粗暴行為	刃物等所持	金品不正要求	金品持ち出し	性的いたずら
東京都総数	75,954	1,819	20,838	9	233	54	4	10	11
葛飾区	3,900	63	926	-	9	2	-	-	-
足立区	3,660	95	874	4	14	1	-	-	1

	暴走行為	家出	無断外泊	深夜徘徊	怠学	不健全性的行為	不良交友	不健全娯楽
東京都総数	26	364	888	47,855	832	-	3	2
葛飾区	-	-	11	2,866	15	-	-	8
足立区	-	7	45	2,587	27	-	3	2

犯罪少年（刑法犯）の罪種別検挙人員

署	総数	凶悪犯				粗暴犯			窃盗	知能犯	風俗犯		その他刑法犯
		殺人	強盗	放火	強姦	暴行	傷害・傷害致死	脅迫・恐喝			賭博	わいせつ	
東京都総数	12,410	4	113	8	10	165	502	287	9,634	162	6	48	4,700
葛飾区	418	−	4	−	1	9	20	9	304	-	-	2	157
足立区	694	1	−	5	4	21	59	28	535	5	-	6	200

警視庁の統計（平成18年度）より作成

盗難された自転車が戻ってくるきっかけというのは、大抵、警察による発見だ。要は、ノルマ稼ぎに防犯登録のチェックをしていて発見されるもの。警察、やる気がないのか？

刑法犯の罪種別認知状況

署	総数	凶悪犯				粗暴犯			窃盗	知能犯	風俗犯		その他刑法犯
		殺人	強盗	放火	強姦	暴行	傷害・傷害致死	脅迫・恐喝			賭博	わいせつ	
東京都総数	244,611	125	668	215	232	5,635	4,103	1,513	174,462	12,855	58	1,716	43,017
葛飾区	7,146	7	23	4	6	142	91	46	5,062	317	2	49	1,397
亀有	3,811	4	9	4	3	71	53	19	2,753	153	1	26	715
葛飾	3,335	3	14	-	3	71	38	27	2,309	164	1	23	682
足立区	13,419	11	25	12	11	257	210	67	9,062	455	6	66	2,175
千住	1,547	2	5	-	2	59	33	12	164	32	2	17	171
西新井	4,210	4	12	5	3	72	51	11	3,181	143	2	22	704
竹の塚	3,546	-	4	5	1	56	63	15	2,680	114	-	13	588
綾瀬	4,116	5	4	2	5	70	63	29	3,037	166	2	14	712

乗り物盗被害回復状況

署	認知件数	回復件数	回復率
総数	72,961	19,508	26
亀有	1,441	293	20
葛飾	1,094	153	13
葛飾区	2,535	446	17
千住	320	80	25
西新井	1,553	361	23
竹の塚	1,332	285	21
綾瀬	1,553	392	25
足立区	4,758	1,118	24

警視庁の統計（平成18年度）より作成

警察がなってない？人数が少ない上に取り組みもビミョー

あんまりやる気が伝わってこない!?

「こち亀」は面白いけど、現実に警察がアレだったら、困るなぁ。

そんな葛飾区には、警察署が２つ。亀有警察署と葛飾警察署が、治安の維持に努めている。２カ所で大丈夫なのか？　治安が悪いといわれる足立区の場合、警察署は４つもあるのだが。前頁で見た、「窃盗以外は足立区と同レベル」というデータは、この警察署の少なさからきているのかもしれない。葛飾区の人口は足立区の約３分の２。それで警察署が半分しかないんだから、カバーしきれないといわれれば、なんとなく納得できる。

葛飾区の警察の実態を見てみよう。亀有警察署管内は人口23万９９６人。葛飾警察署管内は人口、19万7135人である。常磐線沿線を亀有署、京成線と新小岩を葛飾署が担当。要は、地域を真っぷたつに割って、それぞれ分担している感じである。足立区の場合は、北千住のような大きな繁華街はほぼ専属の担当署をもうけているが、目立った繁華街のない葛飾区ではこれで充分だったのだろう。しかし、各種犯罪データは、もうそんなこともいっていられない現実を突きつけているようにみえる。

旧来の体制では犯罪への対応に無理が出てきた葛飾区の警察。さすがにあせって、何か対策を立てているのだろうか。

だが、葛飾区の警察の取り組みをみていくと、切実感漂う足立区にくらべ、やっぱりなんとなくテキトーというかのんびりして見えてしまう。そういえば、筆者の見た限りでは、警官の目つきの悪さでは足立区の方がだいぶ上だ。

葛飾区の警察がのんびりしているように見える事例は多い。ホームページの「犯罪抑止」のページで「ひったくりが増えている」ことを広報するのは良くわかるのだが、なぜかインターネットのフィルタリングについてやたらと解説している。老年人口が多い葛飾区なんだから、ネット犯罪云々いうまえにする

警察署ごとのカバー面積

葛飾区		
	カバー人口(人)	カバー面積(km2)
亀　有	230,996	19.69
葛　飾	197,135	15.16
計	428,507	35.85
足立区		
	カバー人口(人)	カバー面積(km2)
千　住	68,285	5.52
西新井	214,742	19.78
竹の塚	144,297	13.68
綾　瀬	197,590	14.22
計	646,461	53.2

警視庁の統計（平成18年度）より作成

ことがあるんじゃないの？

これは、アレか。葛飾区の警察は地域住民に絶大な信頼を置いているからか。コソ泥とか、暴力沙汰程度なら地域住民が勝手に処理してくれるから警察が手出しをする必要ナシ。やっぱり、この街は江戸時代？

葛飾に生まれ、葛飾で生き、葛飾で死ぬ

地元に就職する人が多いんだって？

「ここまで、葛飾区に犯罪が足立区ほどは多くない理由を、「昭和が残っているから」とか「地域のネットワークが機能しているから」とか考察してきた。実際、葛飾区では地域の保守的なネットワークが存在する要素があるのだ。それは、葛飾区で生まれ育った住民の中に、葛飾区内で就職する人が数多いからだ。

勤めるなら中小零細だけど近所の製造業や運輸業

まず、葛飾区の産業構造はどうなっているのか、考えてみよう。想像されるのは、残業代とか労働基準法の概念も知らないような徒弟制度が大好きなハゲ社長が経営する従業員10人以下の町工場とか、そんな感じ（ボーナスの時期が近づくと、「景気が悪くて……」という芝居が始まるんだよ）。

そういったハゲ社長は発見できなかったけど、事実製造業は多い。また、運輸業も多い。東京都の「産業大分類別事業所数」によれば、製造業と運輸業だけが東京都の平均値から飛び抜けて多いのである。で、その実態はといえば電車の窓からも見える中小、零細企業群である。

続いて、葛飾区の流入、流出人口を見てみよう。

総数で見ると、葛飾区へ流入する労働人口は5万8128人。流出は、12万6553人で、流出するほうが、6万2525人も上回っている。うむ、やはり葛飾区でも変化の波には耐えられないのか。

ところが、葛飾区内で別地域に通勤している「地域内通勤者」を見ると6万6658人。さらに、自宅就業者が3万3647人もいる。この数値だけで、流出超過分を上回っているのだ。つまり、葛飾区では、地元で働いている

産業大分類別事業所数
東京都に対する葛飾の特化係数（円の中の 1.0 が東京都の平均値）

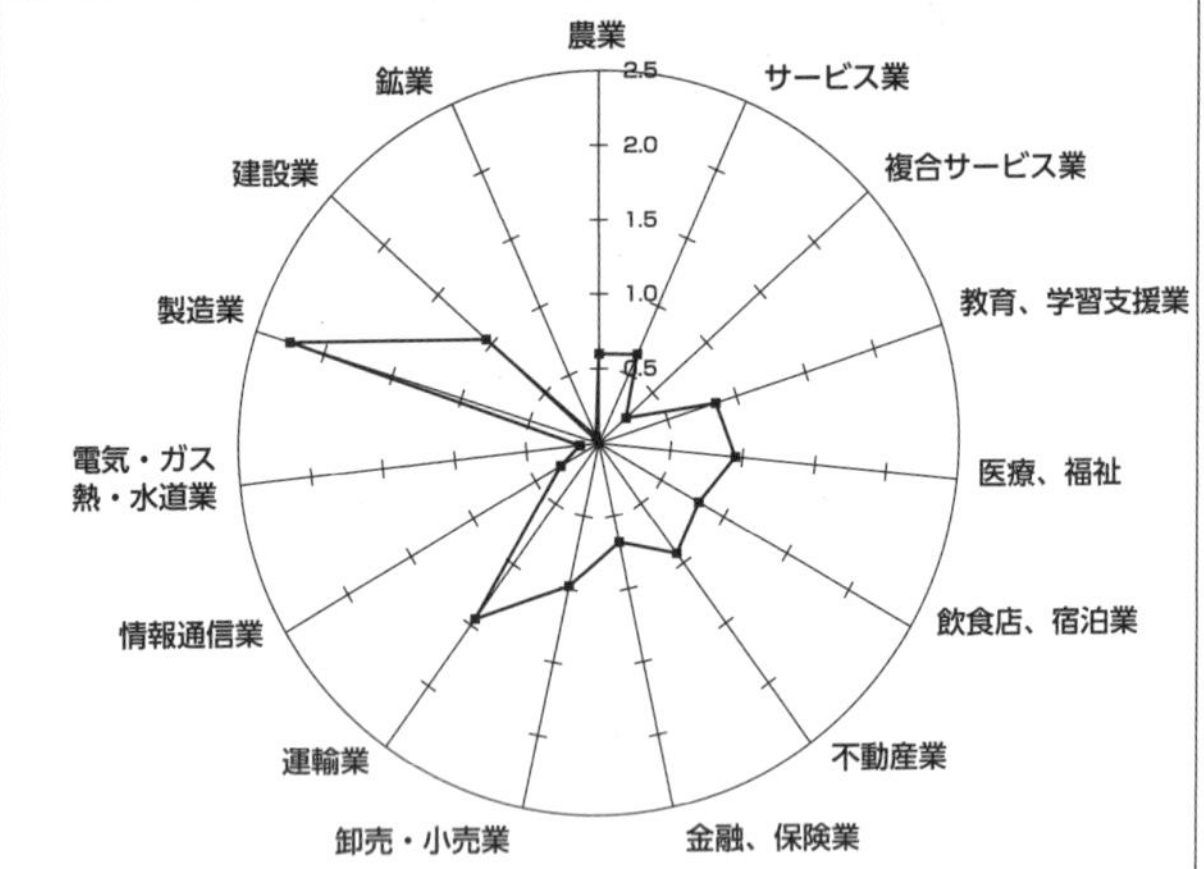

（平成 16 年）「事業所・企業統計調査報告」より

人のほうが多いわけである。葛飾区の人々は、万事、地元で物事を完結させようとするのだ。

果たして、地元で一生を終えることが幸せなことなのかどうかは疑問だ。

このあたりが、万事のんびり、昭和風味な葛飾区の本質、なのであろうか。

葛飾区コラム 4 大学編

葛飾区にある唯一の大学はデキる資格で志望者が殺到中

葛飾区唯一の大学「東京聖栄大学」。2005年に聖徳栄養短期大学を改組して開学したばかりで、まだ卒業生はいない。学部は、健康栄養学部のみの小さな短期大学だが、最近は様々なメディアで、その名前が取り上げられている（2013年に東京理科大葛飾キャンパスが完成し、唯一ではなくなった）。と、いうものこの大学の眞木准教授は、専門が毒物学。2008年1月に発覚した「中国製冷凍ギョーザの中毒事件」に関連して、様々なメディアからコメントを求められているのである。大学としても、よっぽど嬉しいのか、ホームページにも最新情報として逐次、番組名や新聞名が告知されているほどだ。

この大学の特徴は、資格取得に特化していること。管理栄養士や、食品衛生

清潔感のある建物は気持ちいいが、駅前のため人通りも多くて落ち着かない感じ。建物内は意外と静かだった

監視員など学部独特の資格取得を目指したカリキュラムになっており、就職にはかなり強い大学のようだ。

筆者は、地域批評もやっているが、大学キャンパスにも興味を抱いており、各地の大学を訪問している。この大学は、まだ未到達であったので、よい機会だと思いさっそく訪問してみることにした。資格取得とかカリキュラムはともかく、充実した大学生活をおくるために適したキャンパスかどうか、じっくりと調査してみたかったのである。なお、筆者のオススメする大学キャンパスは、

学生がテントを張って住み着いていても、まったく追い出す気配のない京都大学と、

名前の割に恋愛でもするくらいしか、やることがなさそうな気にさせてくれる、首都大学東京である。なお、学内でカブトムシが取れる系の大学はすべて大好きである。

新設大学の多くは、やたらと駅から遠かったりするのだが、この大学は新小岩駅から徒歩3分。走ったら、一分以内と、激近だ。新小岩駅から、この距離ということは、帰りも都心に遊びに行きやすそう。なにより、東京と名前がついて、ちゃんと東京都内にあるのが素敵。東京ナンタラ大学という名前の大学は、埼玉県や千葉県にあるほうが多いんだから（例：東京国際大学、東京情報大学など）。

学生を狙っているのか、大学に向かう通りは、安い食い物屋が軒を連ねている。後日覗いてみたのだが、ちょうど試験期間にあたるのか、学生たちが熱心にノートの貸し借りの相談。試験前のノートの貸し借りだけは、どんな時代、どこの大学でもあるものだな。

さて、駅からほぼ一本道のこの大学。単科大学ゆえにか、キャンパスはこぢんまりとした感じで、大学というよりは専門学校という趣きだ。裏手には中庭もあるのだけれど、冬だからか利用している感じはない。なお、あまりに駅に近くて、大学の建物に沿って放置自転車が並べられてしまうのか、地元の放置自転車監視のオジサンたちが、何人もウロウロ。あまり駅から近すぎるというのも、問題だな。

それでは、中に入って探索を…と思ったら「関係者以外の立入禁止」だってさ。

普段、気にしていないとわからないと思うが、大学でこのような、立入禁止を明示しているところは、かなり少ない。あるとしても、大抵は、申し訳程度に小さく掲示してあるだけで、通常、誰もが自由に入ることができる。強烈に立入禁止をアピールしているのは、学生運動で大学当局と学生が揉めているところくらい。明治大学なんか、学生を名指しで「以下の者立入禁止」としてあるけどね。（和光大学には未だに「ヘルメット着用しての立入禁止」と書いてあるぞ。必見）

ところが、この東京聖栄大学のは、ちょっと違う。ドアのところとか、壁とか、そこら中に張り紙がしてあるのだ。これは、いったいどういうことだろう？

ま、とりあえず入って学生に聞いてみるか。

「いや、前からずっと貼ってあるよ。理由は知らないけどさぁ…」（ドアの横にいた女子大生・談）

なにやら、筆者のほうが不審者扱いされてしまった。

うむむ、新小岩駅の周辺は飲み屋も多いし、酔っぱらいが侵入して授業を妨害したりとかあったのだろうか？　さて、こぢんまりとした建物が校舎なのだが、本当にこぢんまりとしている。というか、小さい。また、建物と建物の間には公道が走っており、キャンパスといえる感じではない。実験・実習施設はかなり充実しているようで、給食経営管理実習室や製菓・製パン実習室などは、どれもまだ、真新しく使い勝手がよさそうな雰囲気。全国各地の大学、特に理系学部の実験室では、ビーカーが足りなくてカップ麺のカラを使っているとか、悲惨な話も聞かれるが、そういった問題はなさそうだ。

ただ、圧倒的に学内で、学生がたむろできるスペースが少ない感じがする。これでは、単に授業を受けに来て、終わったら帰るという雰囲気。サークル用の建物は、用意されているみたいだけど、それ以外にたむろする場所が一切存在していないのだ。

近年、続々と新設された株式会社立大学が、所轄官庁の文部科学省からたびたび改善命令を出されていることが知られている。その中には、運動場や食堂などキャンパスの設備不足を指摘するものも多い。もちろん、ここの場合、それらの問題ある大学から比べると、圧倒的に充実した設備を持っていると思うのだが狭さだけは目立つ。その部分を改善するために、建物の数を増やしたりはしているようだけど、どうもキャンパスとしての一体感が不足している。

大学において、学生のたまり場的な場所が確保されているかどうかというのは、かなり重要なポイントだと思うのだが、これはちょっと残念なことである。

隣接する足立区でも2007年に、区内初めての大学となる「東京未来大学」が開学したが、あちらはキャンパス内はともかくキャンパス周辺が純粋な住宅だけ。最寄り駅の駅前には、ラーメン屋が一軒あるだけで、いったいどういう学生生活をおくってるのだろうかと、驚いたものだ。それに、比べると、こちらの大学は遙かにレベルが高い。偏差値の数字が年々アップしているのも、頷ける。

第6章
電車はいっぱいあるけれど

総武線・新小岩は江戸川区の駅だと思い込んでいる人が多いが……

小岩と新小岩っていったいどこの区の地名?

東京に住んでいるならば、小岩という地名を聞いたことがない人は少ないだろう。行ったことはなくとも、

「ああ、総武線の駅ね」

くらいは知っているハズだ。でも、小岩駅と新小岩駅、どっちが東京寄りにあって、どこの区にあるのかというと、ほぼ全員が

「江戸川区だったっけ?」

と答える。筆者も試しに10人に聞いてみたら、両方とも江戸川区が6人。あと、新小岩を江東区とか墨田区とか答えるヤツらも……。

まず、はっきりさせておくが、新小岩駅は葛飾区にある唯一の総武線の駅である。乗車人員も２００６年度の統計で一日平均７万８７９人と、利用率の高い駅である。おまけに、快速電車だって停車するのだ。

しかし、この駅が葛飾区の駅だと思われないのはなぜか。それは、地図を見てもらえば一目瞭然であろう。新小岩駅の南口は、既に江戸川区なんである。さらに、酷いことに、新小岩駅北口から先の葛飾区は中川によって、葛飾区の他地域と完全に分断されてしまっているのだ。おままったく都市開発が進んでいない駅北口の葛飾区側に比べ、南口の江戸川区側はそれなりに進んでいる。

つまり、新小岩駅の位置は、葛飾区側から見ると、陸の孤島の果ての存在なのだ。むしろ、地続きになっていて、親近感が持てるのは江戸川区というカラクリだ。

さらにいえば、葛飾区にも江戸川区にも新小岩の地名があるから、ややこしい。

なんでも、新小岩というのは駅から取られた地名だとか。そもそも、ここに駅が設置されたのは１９２６年のこと。駅名を決定する時に、地元住民の要望

総武線各駅の一日平均乗車人数

駅名	人数	駅名	人数
錦糸町駅	95118	中野駅	115176
新小岩駅	70879	荻窪駅	84436
小岩駅	64249	高円寺駅	48463
亀戸駅	54431	阿佐ヶ谷駅	44566
浅草橋駅	54322	西荻窪駅	40620
両国駅	39406	東中野駅	38918
平井駅	30080		

JR 東日本サイトより作成（2006 年）
JR 東は乗車人員のみ公開

に基づいて新小岩に決定。その後、昭和の時代に住居表示が実施されるにあたって新小岩の地名が誕生したのだとか。

駅名を決定するときには、葛飾区がなかったから仕方ないにしても、残念な話だ。今更ながら、駅名に葛飾の文字を入れるのは無理なんだろうかとか考えてしまう。

アーケードのにぎやかな南口に対して北口は、まだ再開発途上。空き地に取り残されたような店が点在する

ルミエールは相変わらず繁栄している。商店街が崩壊しつつある葛飾区では貴重な存在だ

葛飾区は何故か常磐線沿線から除外されている？

何故か印象薄すぎな葛飾区の常磐線駅

常磐線というのは、不思議な電車で、乗っているだけで負け組に堕ちた気分にさせてくれる。山手線にワンカップを片手に乗っていると、ほかの乗客からの視線にはキツいものがあるだろうが、常磐線に限ってはそれはない。それどころか、夜になると酔っぱらいが車内を占拠しているような状況である。で、常磐線のガラの悪さをネタにすると、何故か茨城県とか千葉県民の話にシフトしてゆく。え、葛飾区は？

葛飾区には亀有駅と金町駅という立派な駅があるにもかかわらず、常磐線沿線からビミョーに除外されている。いや、ガラが悪いと思われていないならいいんだけど……。

この存在感の薄さについては、まず常磐線の成り立ちから考えなくてはならないだろう。そもそも、常磐線は建設当時は常磐炭鉱（ハワイアンセンターとかになったところね）の石炭輸送路であったが、その後、東北本線のバイパス路線としての機能を担うことになる。東北新幹線が開通する以前、東北本線だけでは、さばききれないほどの本数の列車が運行されていた。そのため、夜行列車には常磐線を経由して北へ向かうものも多かったのだ。鉄オタ（鉄道オタクのこと）によると「80年代まで客車列車が走っていた」とか。

つまり、常磐線は東北に向かう旅行目的の路線。通勤路線とは認識されていないのだ。そのため、亀有駅や金町駅は極めて印象が薄い。どちらも常磐線の開業当初から設置されていたというのに、扱いは極めて軽い。そもそも、始発駅が上野駅というのも、その印象に拍車をかけているのではないか。この路線を利用しようとすると、なんか「津軽海峡冬景色」の気分になってくる。

おまけに、普段利用していないと停車駅が意味不明。普通（一部駅通過）・快速（取手止まり）・各駅停車（千代田線直通）の３種類が同じ路線を走っているけど、山手線とかの感覚で乗ったら、目的地で停車しなかったという話が春頃にはよく聞かれるものだ。なんでＪＲもこんな路線を放置しているのだろうかと、怒りすら湧いてくる。

放置といえば、この路線、未だに東京や新宿といったターミナル駅に接続されていないのだ。やはり、東京から田舎へ向かうイメージの高崎線は、いまや新宿方面への直通ルートも開通し便利そのもの。筆者が上京してきた10数年前は、池袋発が時々ある程度で、上野駅発も土日になったら、えらく外れのホームから発車で乗客も少なく、思わず飛び込んでしまいたくなる絶望感があった。それが、今では新宿直通とはね。でも、常磐線は何も変わってない。

変わったことがあるとすれば、グリーン車が導入されたことくらい。それでもやっぱり、乗客は酔っぱらってくたびれ果てたサラリーマンばかりなんだけどな。

常磐線をネタにしてたら、いつまで経っても終わらないので、そろそろ葛飾区における常磐線の考察に入ることにしよう。

名前は全国区なんだけど　実際はトホホの亀有駅

まず、亀有駅から。亀有駅の2006年度の乗車人員は一日平均3万8615人。快速通過駅にしてはかなり多い。本書の冒頭で記した通り、両さんの銅像以外は特筆するものが何も存在しない駅である。いや、酷いと思われるかもしれないけど、実際そうである。観光スポットはなにもないし、ショッピングモール「アリオ亀有」は、あるけど、わざわざ電車を利用して出かける人がいるとは思えない。これらのことを総合して考えると、利用者は地元から区外へ働きに出る人ということになる。

この駅については、常磐線の開通にあたって設置が決まった時点から、様々ないわくがあったこ。

当初は亀有に駅をつくるつもりなんかなかったのだ。予定されていたのは中川を挟んだ対岸の新宿（にいじゅく）。ところが、当時中川の橋を渡るためには通行料が必要だったという事情もあり、亀有に駅があったほうが儲かるというった地元の意向もあって、1897年に亀有駅が開業したのである。

もし、新宿に建設されていたとしたら、亀有一帯はかなり交通不便な状況になっていたと思う。でも、亀有に駅が建設されたがために、不便を背負うことになったのが新宿。川がなければ、間をとって上手いところに建設できたんだろうが…。

さらにその後も、亀有駅はターミナル駅として発展する機会を逃している。1928年頃、筑波高速度電気鉄道なる計画が持ち上がったことがある。これは、日暮里を起点として筑波山方面まで路線を計画したものだった。これが実現していれば、亀有駅のみならず、葛飾区の鉄道路線そのものが、もっとマシになっていたのだろう。でも、この計画というのは昭和初期に数多く現れた「資金はないけど計画をぶちあげてカネを集めよう」という計画のひとつ。つまり、最初から建設は具体的なものではなかったのだ。はからずも「つくばエクスプレス」が開通したことで、この計画は実現したようなことを記述している書物も見られる。でも、葛飾区は見捨てられてしまったのだ（後述する北総鉄道が計画路線に近いともいわれるが）。

全国的な知名度は低いが実は繁華街の金町駅

このように、不運をかこった亀有駅に対して、金町駅はどうか。葛飾区の駅では亀有駅に比べてマイナー感漂う金町駅。ところが、実は葛飾区の中心はこちらの駅である。

乗車人員は２００６年度で一日平均４万２９５０人。常磐線の快速通過駅では最多を誇っている。現在は、消滅してしまったが２００３年までは、製紙工場やガス工場に向けた専用線が伸びており、貨物の取り扱い駅としても繁栄していた。現在でも、通称・新金線と呼ばれる、総武本線から分岐する貨物専用鉄道が接続されている。

駅に降りると一目瞭然だが、亀有駅に比べて、やたらと賑やか。京成金町線との乗り換え駅でもあり、ローカル感は少ない。また、埼玉県三郷市の南部の住人はバスを使って、もっとも近い鉄道駅がこの駅なのだ。足立区は区境がどこに行っても、寂れたなにもない土地ばかりだったのだが、ここはかなり状況が違う。

2009年に複合ビルヴィナシス金町が完成し、2013年には理科大がやってきた金町。一躍葛飾区内でも最大級の規模を誇る駅となった

現在、駅前は再開発が進行中であり、雑然とした感じも漂うが、すべてが完成すれば、買い物等はかなり便利な街になりそうだ。

けれども、常磐線の性ゆえに、到達できる都心は最大で上野……。せめて東京駅に乗り入れるとか、もう少し都心に便利にたどり着けるようにならないと通勤にはえらく不便である。でもまあ、川を越えて千葉県から都心へ通勤している人も多いし、ゼイタクはいえないな。

かつては周辺の工場への専用線が何本も伸びていたが、現在はそれらの工場も廃され駅も高架化された

快速通過駅ではもっとも乗客数の多い、金町駅。松戸方面へ向かう各駅停車の乗車駅としても利用される

駅数最多の「本線」だがメインストリームとは呼べない京成本線

季節の観光客しかこない堀切菖蒲園駅

京成本線は間違いなく、葛飾区のメイン路線である。なにせ、駅数が一番多い。堀切菖蒲園駅、お花茶屋駅、青砥駅、京成高砂駅と4駅もある。青砥駅と京成高砂駅は、北総線と押上線が合流する重要な乗換駅で、スカイライナー以外（モーニングライナー、イブニングライナー含む）はすべて停車する。優等列車の停車駅がふたつもあるのだから、さぞや沿線は賑やかなのだろうと思うが、なぜかどの駅もイマイチである。

上野に近い方から駅を概観してゆこう。まず、堀切菖蒲園駅は2006年度の統計で、一日平均乗車人員1万552人、降車人員1万755人。この駅、

2002年までは急行が停車していたのだが、今では各駅停車のみ。というのも、乗車人員が少ないから。「いや、この数なら十分じゃない」という声もあるだろうが、京成線のランクづけの中での話である。京成線では、駅広告の料金のために、駅をいくつかのランクに分類している。基準では、特級駅は一日平均乗降人員2万4000人以上の駅。以下、1級～3級まである。駅広告の料金は、どれだけの人の目に触れるかによって変わるわけだ。堀切菖蒲園駅は特級駅の中では乗降人員数最低というわけだ。まあ、都会の外れのローカル駅だと思えばいいだろう。

で、この駅、京成線の各駅停車にはありがちな高架下の駅。京成がこの駅に力を入れていないのがわかる寂れた感じ。近くになにかあるかといえば、堀切菖蒲園くらい。ま、菖蒲の季節を除けば、地元民しか使わないだろうなあ。駅前で目立つのはラーメン屋が多いことくらい。

イイ感じに寂れた感じのお花茶屋駅

堀切菖蒲園駅とうって変わって、繁栄している感じがあるのは、隣のお花茶屋駅。こちらは、駅周辺にある程度商店街が形成されている。なんとなく、下町のいい感じの寂れ具合を感じられるのはこの駅くらいである。一日平均は乗車が1万5083人、降車が1万5077人。各駅停車のみの駅ではもっとも多い。ただ、商店街の愛称に「プロムナードお花茶屋」とつけるセンスはどうか？　毎日歩行者天国の時間帯を設け、買い物客の便宜を図っており、「葛飾区は暮らしやすい」と納得できるのは、この商店街くらいである。

結局はスルーされちゃう乗り換え駅の青砥

さて、続く青砥駅は優等列車も停車するターミナル駅である。筆者も成田方面に用のある時には、よくこの駅を使った。でも、駅から外へ出た記憶はない。青砥駅に降りても、外から見たことのない利用者のほうが多いのではなかろうか。

確かに、青砥駅は葛飾区のターミナル駅のように振る舞っている。でもその内情は実に貧しいものだ。まず、駅の前にロータリーがない。

もっとも近いバス停は、駅から少し離れた「青砥駅入り口」で、ここがバスターミナルの役割を果たしている。実際、車に乗って青砥駅に近づくことは至難の業だ。駅の周りは一方通行ばかりで、道も狭い。地元民でもなければ入ったはよいが出られなくなること必至である。

都市計画がまったく存在していないのだ。おまけに、再開発が行われる見通しもなさそう。しかも、駅の近くを走っている幹線道路の環状七号線も、この駅が高架化されるまでは、線路が道をふさぐ形になって開通しなかったという。こう聞くとなんだか、恐ろしいくらいに邪魔な駅に感じてしまう。

しかも、高架駅に改装した際には、スカイライナーの停車駅にしようと、待合室まで設置したという。いまでは、たまに停車するイブニングライナーの待合室として活用されているようだが、ま、こんなところにスカイライナーを停車させてどうしたかったのか、不思議な駅である。

と、マイナスイメージばかりの青砥駅ではあるけれど、乗降人数は多く一日平均乗車人数は2万4488人。降車人数は2万4011人と、京成線中の第9位を誇る。まあ、停車する列車も多いから、納得である。

それに、駅の立地は酷いのだが葛飾区から通勤を考えるなら便利な駅だろう。ここから、押上線方面に乗車すれば、そのまま、都心に向かうことができるからだ。ただ、山手線の東側ならともかく池袋・新宿・渋谷方面には少々不便である。

乗降数一番だが辺境の匂いがする京成高砂

続いて、その隣の京成高砂駅。乗って見ればわかるが、隣の駅なのにえらく辺境にたどり着いた感じになる。筆者も乗るたびに「ああ、川を越えると別の街なんだなあ」という気分でいっぱいになる。こちらは、金町駅から伸びる金町線の南の終着駅でもあり、北総線も停車するのだが、青砥駅と同じくホームを通過するだけの利用者が大半だ。それでも、通勤通学には便利なのか、乗降数は一番！　一日平均乗車人員が4万1177人、降車が4万410人である。ただ、この駅もバスロータリーが存在しないのが問題である。

青砥駅といい京成高砂駅といい、駅が開業した当初は、まさかこんな街になるとは予想もしなかったのだろう。計画的に都市開発を進めた東急沿線とは対照的である。

とはいえ、京成高砂駅周辺もいよいよ再開発の機運が近づいている。きっかけは、2010年に開通する成田新高速鉄道だ。成田空港へ通じる新しい路線の開通に合わせて、駅の全面高架化が具体化している。

予想外の都市化によって、やたらとゴチャゴチャした駅周辺環境を作りだしてしまった京成本線。おまけに、終点は都心からは少々外れた上野駅。そんな魅力のない路線が、唯一輝けるウリは、都心へ直通する押上線によってのみである。

遥か西馬込や、横須賀方面へ向かう電車。路線図の駅の数も膨大で、乗り慣れていないと迷うことは確実だ

堀切菖蒲園のシーズンを除けば乗降客は少ないが、日暮里駅に近く、駅周辺にはマンションが増えている

真のメイン路線　千葉・東京・神奈川を結ぶ京成押上線

東京と千葉を結ぶ超ロング路線

　京成押上線と聞いても、多くの人はどこにある路線かわからないだろう。都営浅草線の押上駅から京成線の青砥駅までを結ぶのが押上線である。

　この押上線、存在自体はマイナーだが他線へのアクセス路線としては絶大な価値を誇っている。

　葛飾区を離れて、東京の南端である大田区に都営浅草線の終点、西馬込駅がある。この駅でキップを買おうとすると「エアポート割引」というのがある。そう、この大田区の外れから成田空港駅まで直通電車なんてものが存在しているのだ。さらに、最長の路線だと、芝山鉄道の芝山千代田駅まで乗り換えなしで到達することができる（一日一本くらいしかないけど）。そんな長大な路線を走ることができるのも、押上線があるからだ。

そう考えると、押上線がいかに価値ある路線なのか理解できるだろう。そもそも、京成電鉄自体、開業当初はこちらが本線だったのだ。

現在では、京成上野駅から伸びる京成本線が、メインルートのようになっているが、開業当初は違った。京成線を成田方面から建設して、押上まで達したはよいけど、その先の免許が降りなかったので、しばらくは押上が京成線の東京における玄関口になっていたのだ。つまり、存在感は少ないけど、歴史もこちらのほうが古いのである。

葛飾区には停まりません！

そのまま、押上駅止まりになっていたら、押上線自体、郊外のローカル線になっていたのだろうが、都営浅草線の開通によって事情は変化した。都営浅草線は、その計画段階から都心にターミナル駅を持たない、京成と京急との相互乗り入れを前提として建設されたものだったのだ。現在では、当たり前のように行われている相互乗り入れだけど、導入は、この路線が初の試みである。こうした経緯もあり、京成押上線は路線内で完結する列車がほとんど走らない鉄道である。なにより、都心へのアクセスは京成本線よりも格段に便利になっている。

便利なのはよいことだが、列車種別はやたらとややこしい。その全容を説明していこう。まずは、快特。これは、ラッシュ時を中心に朝は都営地下鉄浅草線方面、夜は京成本線方面へ運転されるもので、停車駅は青砥、押上のみとかなり少ない。西馬込行の場合は、押上駅から先は各駅停車として浅草線内を運行する。続いて特急。こちらもラッシュ時を中心に運行されるもので、北総線から、京成押上線を経由して浅草線に乗り入れるもの。停車駅は快特と同じで青砥、押上のみ。西馬込行が押上駅から先は各駅停車になるのも同じである。

このあたりで、上京間もない人ならなにがなにやら、わからなくなってしまいそうだ。

続いて通勤特急。朝に上り列車が11本運行されるほかは夜間に下りのみという、通勤利用者の帰宅をターゲットに絞って運行されているもの。そのため休日には運行されていない。停車駅は快特と同じく青砥、押上のみ。これもやっぱり、浅草線内は各駅停車となる。

次に快速。こちらもやはり、停車駅が青砥、押上のみ。ただし、一部は浅草線でエアポート快速になるものもある。

ここまでは、青砥駅利用者以外の葛飾区住民はメリットのないものばかり。葛飾区内の押上線で青砥駅以外に停車するのは、ようやく急行からである。これは、停車駅が青砥、京成立石、京成曳舟、押上となっている。また、一部の急行は、京急線との直通運転もしているから、こちらも長大な路線を走る電車である。

青砥駅以外の京成押上線の駅は停車する列車も少ないため、不便に見えるかもしれないが、本線よりも、よっぽど便利に都心に行くことが可能なのだ。

中でも京成立石駅、一日平均乗降数が3万5８１人と京成本線の快速通過駅の中ではかなり多い。

ただ、乗降数が多いにもかかわらず、特急が停車しないことを不便に感じている人は多いようで、地元では特急停車を渇望しているとも聞く。実は、過去には立石駅にも特急があったのだが、廃止されてしまったのだ。

その理由は、京成が高架化を打診した際に地元で反対運動があったからともいわれている。その高架化については、京成によれば事業用地の70～80％は確保済みということで、今後建設が進む予定。こうなってくると、特急停車駅への昇格を目指す気持ちもわかる。しかし、地元が要望するからと停車しまくっていたら特急の意味がなくなるし、京成も頭が痛いところだろう。

頭の痛い開かずの踏切

高架化といえば、ながらく問題になっていたのが小田急の事例だ。高架にして踏切がなくなれば、単純にその分スピードアップができて、輸送力が増強できるのだが、騒音をはじめ周辺環境の問題が出てくることは否めないわけだ。

前項で触れた駅周辺の再開発も、計画を立てるのは容易だが実施になると困難が伴うものだ。こちらも小田急の事例だが、下北沢駅周辺は小田急の地下化に伴って再開発が予定されているが、やたらと揉めている。

ま、下北沢の場合、非住民がやいのやいの騒いでいるだけなんだが、そうでなくとも、地元住民との合意をはかるのは困難。数十年後を見据えて大規模事業を行うのが、いかに頭の痛い問題かわかるだろう。

京成立石駅北口地区では、30階建てクラスの超高層マンションをメインに、中層商業施設や交通広場を整備するという計画で、街の再開発が進行中だ。もしこれが順調にすすめば、さすがに特急も停車するようになるんじゃないかな？

四ツ木駅は、商店街から少し離れており周辺には店舗がない。そのため、駅周辺には放置自転車が目立つ

分岐駅のため駅は２層構造。様々な行き先に急行や普通列車が入り交じっているので、乗車には注意が必要

油断一発スルー確定 なかなか乗れない京成金町線

そのルーツは人車鉄道!?

葛飾区外の人だと、たぶん柴又観光に行くときくらいしか利用することのなさそうなのが、京成金町線。その前身は、なんと人車鉄道である。人車鉄道とは、その名の通り、人が手で車両を押す鉄道である。日本では明治中期から大正期にかけて存在し、昭和初期には、ほぼ全滅したので存在した期間は極めて短い。現代の感覚なら、よくもまあそんなものを思いつくなあと考えるのだが、当時はかなり上手く行く商売だったようである。

そんな中、常磐線（当時は日本鉄道）金町駅の開業に伴って、帝釈天に向う参詣客の需要を見込んで、１８９９年に開業したのが、金町～柴又間を結んだ

「帝釈人車軌道」であった。当時の資料によれば、この鉄道はかなり期待されたものだったようで、当の帝釈天も株主として参加していたのだとか。よほど儲かっていたのか、その後、総武線（当時は総武鉄道）小岩駅にまで延長する計画もあったという。客車は6人乗りのもので、これを押し夫が一人で押す形態。運賃は片道5銭だが、往復なら9銭と割引まで存在していた。

この鉄道、昭和初期には姿を消してしまったので、その痕跡を探すことも困難である。現在の金町線は、この軌道敷を使って線路を引いているということで、かなり貴重な存在だといえるだろう。

ローカル線だが直通列車もある！

さて、金町線が全通したのは1913年のこと。当時、京成では、帝釈天を通り金町への路線を計画。そこで、ルートが重なる帝釈人車軌道の軌道特許の譲渡を受け、路線の建設が決定。その後、人車軌道は曲金（現在の京成高砂）～柴又間の開業を待って1913年に営業を終了したわけである。現在でも「葛飾柴又寅さん記念館」には、スイッチを押すと人車が動く、微妙な模型が展示されているので興味のある方は、一度観てみるといいだろう。

以来、金町線は全線単線で運行されている。区間は、京成高砂駅〜柴又駅〜京成金町駅と、柴又駅を挟んで3駅のみ。ほぼ20分間隔で、電車が行ったり来たりと、なかなかのどかな電車である。で、柴又駅だが観光スポットでもあり、どの程度の乗客数がいるのかと思ったら一日あたり乗車が4660人、降車が4551人である。なんか、意外と利用されていない感じである。

実は、観光で食っている柴又だけど、その先行きは結構怪しい。帝釈天は、江戸時代から参拝客を集めている古刹である。現在でも初詣の時期には混雑するが、それ以外の時期の観光客はというと、意外に少ない。なにせ、帝釈天の名前を全国に知らしめた映画『男はつらいよ』が過去のものになりつつあるからだ。

おまけに、この金町線の先行きも不安だ。現在は、朝夕は京成本線に直通運転が行われており、上野駅や押上駅にも乗り換えなしで向かうことができる。

存続が危ない？　直通列車廃止の計画

ところが、この運転方式も近い将来終了しそうな予定だ。京成は、２０１０年の成田新高速鉄道開業に伴って、京成高砂駅周辺の開かずの踏切対策として、金町線のみ先に高架化する計画を立てている。これが実現されれば、金町線は線内折り返し列車のみの運転となる予定である。

別の便利な路線が完成したために、ローカルな部分が切り捨てになった事例としては東急の目蒲線がある。目蒲線の場合、目黒～武蔵小杉間が新たに目黒線を名乗る形になって、多摩川～蒲田間が多摩川線として切り捨てられた。この結果、それまで乗り換えなしで目黒まで行くことが出来たのに、一度乗り換えをする必要ができてしまったわけだ。

でもまあ、いくつもの駅が切り捨てられた目蒲線に比べれば、金町線の場合駅はひとつ。しかも、どうせ地元で働いている人ばかりのような街、柴又のみである。それほど、不便になるようなことはなさそうだ。

多摩川線の場合だって、切り捨てられた時には、地元住民の暴動でも起こるのかと思っていたが、意外とすんなり行っている。というか、朝のラッシュ時でも驚く程空いているので、これなら切り捨てられても仕方がないかという様相だ（朝夕とも蒲田、多摩川どちらから乗っても、どんなラッシュの時間でもたいていい座れる）。

ま、金町線に価値があるとしたら、観光以外の面だと、地元住民の足だが、駅の乗降数を見ると、とりあえずなくなっても不便じゃなさそうな感じすらするほど。

首都圏では、「よく廃線にならないなぁ」みたいな、とても東京都とは思えないような路線が当たり前のように残っている。地元の足レベルで十分採算が取れるなら、とりあえず、存続していくんじゃないかな。

※　※　※

結局、高架化されて直通列車は消滅してしまった金町線。最初から路線はつながっていなかったかのような雰囲気になっている。京成線そのものが、様々な路線が入り乱れて混雑しているため、もはや直通運転が復活する可能性は低い。京成線が全面高架化されたら、可能性はあるかも？

柴又駅は通常４両編成のみの発着だが、ホーム自体は６両編成まで可能につくられており、長く感じられる

成田新高速鉄道の開通も近づき新たな需要が見込まれる高砂駅。周辺の踏切渋滞の解消のため再開発を予定

みんなが使うが誰も知らない北総鉄道

路線は便利なのに運賃もダイヤもビミョー

都営浅草線に乗っていると、たまに行き先が奇妙な列車に出くわす。「印西牧の原駅行き」がそれだ。

金町線以上に、存在がマイナーな鉄道、それが北総鉄道北総線だ。

東京周辺にも、色々とマイナーな鉄道路線があるのだが、これには乗ったことのない人が多いのではなかろうか。そもそも、存在すら知られていないような気もする。足立区を走る「つくばエクスプレス」が、なにかと話題を呼んだのに対して、この路線、いつの間にか完成して、ひっそりと運行されている。もうちょっと自己主張しろよと叱咤激励したくなるくらいである。

　実は、筆者も「そんな鉄道あったのか！」と思ってしまった。いや、この鉄道は、2004年に北総線に改称するまで、千葉ニュータウン線（この名称も恥ずかしいな）と呼ばれていたのだが、改称したことをまったく知らなかったのだ。

　この鉄道、ニュータウンが近くなると、掘割の中を延々と走っていって、その先には高層建築物が見えてくる近未来的雰囲気が楽しいのだが、それは葛飾区の話じゃないので、今回は断念しよう。

　この鉄道、京成高砂駅に接続されたのは1991年であり、開業からかなり時間が経っているのに、マイナーである。というのも、利用者が少ないからだ。

　そもそも、主な乗客であったハズの千葉ニュータウンは人口が増えない、増えないから運賃は高額に、そして人口が増えない……と堂々めぐりをしているわけだ。葛飾区にある唯一の駅である新柴又駅の一日平均乗降人員は3468人。それもそのハズで、新宿へ行くのに、金町線の柴又駅からだと510円なのに、新柴又駅からだと610円。ほぼ、同じ地域からなのに運賃が100円も違うのは、東京周辺ではかなり珍しいのだ。

さらに、直通接続のある都営浅草線の東銀座駅までだと、柴又駅から京成高砂駅を経由して向かえば390円なのに、新柴又から京成高砂駅経由だと560円もかかる。……酷い鉄道だ。新柴又駅の周辺は住宅街なので、本来なら利用客が見込めるはずなのだが、この北総鉄道経由の連絡運輸の運賃の高さがネックとなってか、利用客はまったく伸びていない。また、柴又帝釈天に行くなら柴又駅の方が近いから、観光客の利用も見込めない。駅が混雑するのは、年に一度だけ江戸川の河川敷で花火大会が開かれる時だけだともいわれている。

本来ならば、この路線は、葛飾区民にとってもかなり便利なはずである。ほぼ全ての列車が、京成高砂駅を経由して京成電鉄・都営地下鉄浅草線・京浜急行電鉄を経由して直通運転を実施するし、特急以外はすべて新柴又駅に停車する。

なのに、運行本数が極めて少ないのだ。上り列車の場合だと、平日朝の7〜8時台と夕方17〜20時台は最大で6本。で、日中はというと、わずか一時間に3本しか停車しない。一応、葛飾区も東京都のハズなのだが…。まるで、田舎のローカル線そのものである。東京で、こんなダイヤじゃ、怒りしか生まれてこない。千葉方面だと、もっと酷い状況らしく、「北総線の運賃値下げを実現する会」なる市民運動まで立ち上がっているくらいだ。

鉄道路線がある程度あるのに、不便をきたしている葛飾区。せっかくあってもこんな鉄道じゃどうしようもない。新柴又駅の地域への貢献度は低いのだ。

成田新高速鉄道が出来てくれれば……

そんなビミョー鉄道だが、実は運賃が大幅に値下げされる可能性もないわけではない。

それは、２０１０年に開業を予定している成田新高速鉄道である。

この鉄道がなにかというと、京成本線から、京成高砂駅を経由して成田空港駅を結ぶもの。かつて計画が頓挫した成田新幹線が形を変えて復活したもので、スカイライナーのような列車が走る新線だと思ってくれれば間違いない（最高速度時速160キロで日暮里から成田空港まで約36分を予定しているから、「高速鉄道」というのも間違いではない)。

で、頓挫した成田新幹線とは違い、かなりセコイ手段が使われている。経営するのは京成なのだが、走る線路は既存の路線を使う区間が、やたらと長い。その中でも特に多く使われているのが北総鉄道の線路だ。

この鉄道が完成すれば、北総鉄道の利用者の増加も見込まれる。さらに、北総線沿線のベッドタウン化も進んで、一気に利用者も増えて、結果運賃も値下げすることができる…。と、現在は、そんな形での発展が見込まれている状況だとか。

もしも、この目論みが上手く進むようならば、新柴又駅周辺も発展の可能性はありそうだ。

ただ、そんなに上手い話があるのか、正直疑問である。

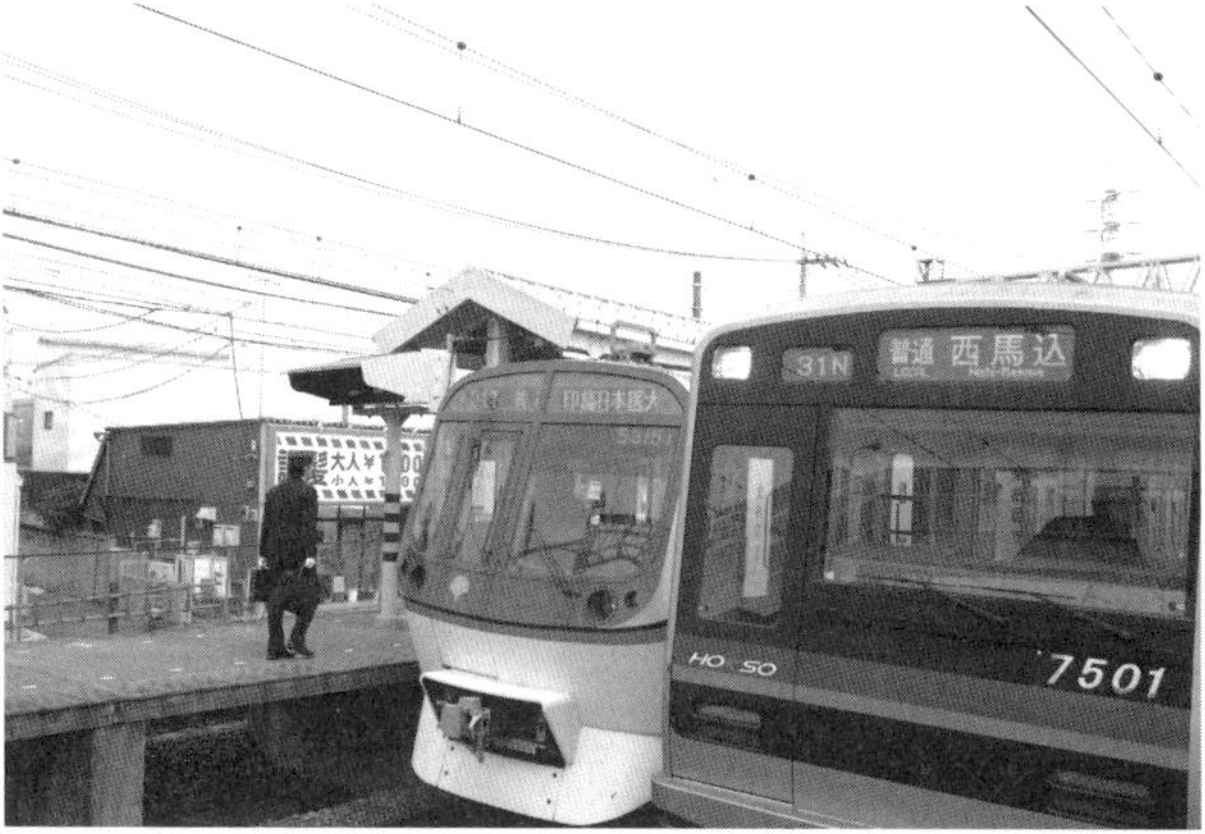

逗子から印旛日本医大まで、3つの自治体をまたぐ長距離編成も運行されるが、全線乗る人はまずいない

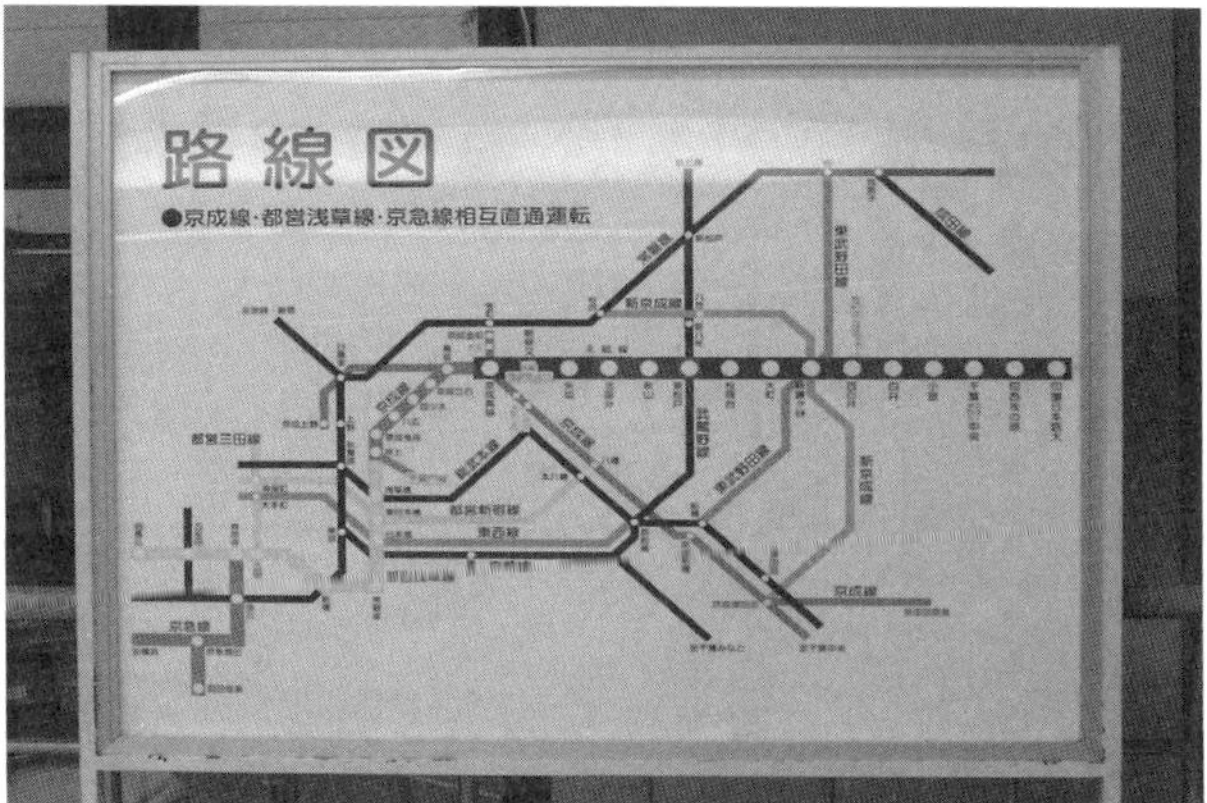

北総鉄道の路線を利用した運行が計画されている成田新高速鉄道が開通すれば、運賃が下がるかも

橋がないから区内へも区外へもメッチャ行きづらい！

川によって3分割されている

地図を見て頂ければ一目瞭然であるが、葛飾区は川に分断された土地である。区のほぼ中央を流れる中川と新中川によって、区はほぼ3つに分断されているのだ。現在の中川の流路が確定したのは、江戸初期のことだが、新中川はもっと新しい戦後になって建設された放水路である。そもそも計画が持ち上がったのは1939年のこと。その後、ようやく完成を見たのは1963年に入ってからである。これにより、葛飾区は土地が3つに分断され、不便をかこう形になっているのだが、洪水対策という面では建設は避けられなかったので仕方ないだろう。それに、葛飾区自体、東は江戸川、西は荒川に挟まれているし、もう一本くらい川が増えても、別段問題はないんじゃないかな？　とかいってみる。しかし、この川は葛飾区に不便を強いている面が大きい。まず、葛飾区の東側を見てみよう。

葛飾区から都心へ向かおうとすると、当然、荒川を越えることになるのだが、この荒川に架かる橋、葛飾区内にはたったの4本しか存在しないのだ。いや、これじゃ、いざ災害でもあった時には、どうやって逃げろっていうのか。まさに、陸の孤島、いや吉原レベルである。なるほど、葛飾区の街からにじみ出るような閉塞感の正体はこれだったのか、と納得する。

葛飾区から外に出られない！

とにかく、葛飾区には橋というものが少なすぎるのだ。橋が少ないということは、道も行き止まりがいっぱいということ。荒川沿いを、川に向かって歩いてゆくと、高い土手にぶち当たる。とんでもない圧迫感だ。まるで、牢獄に囚われているみたい。

「川の向こうは都会です。田舎者の来るところじゃありません」と熱烈にアピールされているようだ。おまけに、日当たりも悪くなるし、つらいところだ。

この橋の少なさが日常生活に不便をかこっていることは間違いないだろう。なにせ、対岸に見える土地に行くのにえらく遠回りなのだから。

国道6号の走る、四ツ木橋と、そのバイパスである新四ツ木橋は、葛飾区の重要な動脈だ。ところが、新四ツ木橋は自動車交通にしか目がいってないのか、歩いて渡ろうと思うと、やたらと傾斜がキツイ。じゃあ、もう一本の四ツ木橋のほうはというと、こちらは傾斜もなくて歩きやすい。でも、歩いて渡っている人は少ない。どうやら、既に橋がないことが当たり前と納得しているらしく、みんなバスに乗ったりしているみたい。まあ、家から歩いて橋を渡って都心に向かう人というのは、数少ないと思うのだけど、それにしても、ねえ。

さらに、葛飾区の東側に流れる江戸川。こちらは、橋の数、一本だけである。オマケで矢切の渡しもあるけど、観光目的だけで実用性は皆無のものだ。なにせ、冬場は土日のみ運行、しかも、これ個人経営である。対岸の松戸市には、なにもないし。ここから、わかるんだけど、葛飾区は千葉県の一部みたいな感覚で見られるけど、やはり東京都なんだね。

いや、もしかすると、江戸川に橋がほとんどない。つまり、日常の交流に対して消極的なのは、葛飾区が東京都の一部だという自負を持っているからかも知れない。いや、もし、本気でそう思っているのならば、さっさと橋の数を増やしたほうがいいだろう。橋が増えて千葉県側との交通が簡便になれば、葛飾区にも新たな発展の要素が見込めるのではないかと思うのだけど。

区内の行き来もかなり不便！

さらに、橋の不便さは外に向けてだけじゃなく、葛飾区内部でも同じだった。

地図をみれば、一目瞭然だが川によって分断された葛飾区は、それぞれの地域が半島みたいな感じになっている。仮に都市経営シミュレーションゲーム「シムシティ」だったら、とりあえず水面の部分を埋め立ててしまいたくなるような不便さが伝わってくる地勢だ。

この原因は、先に記した通り、洪水対策で新中川を開削したことにあるから仕方ない。それにしても、その結果、発生してしまった「陸の孤島」は発展の遅れた土地になってしまっている。

川があるゆえに、発展の遅れた土地の一つが新宿一帯（「しんじゅく」じゃなくて「にいじゅく」である。お間違えのないように）。

鉄道のところでも、ちょっと触れたが、当初、常磐線の駅はこの地に建設される予定であった。

というのも、新宿という土地の名前からわかるように、ここは江戸時代からの宿場町だったのだ。それも、水戸街道が成田街道に分岐する要衝でかなり繁栄していたようだ。にもかかわらず、ここに駅が置かれなかった最大の理由は、中川に有料の橋があったからだ。鉄道駅なんかが出来てしまうと橋を渡る人が減少するということで、反対運動が盛り上がったのだ。つまり亀有駅から橋を渡って新宿まで人が流れてくると目論んでいたようだ。そんな無茶なと思ってしまう。結局、橋を渡るのが面倒だったのか新宿は寂れ、亀有が栄えることになってしまったわけだ。

おまけに、そこまで橋を大事にしたというのに、橋の数は当時と変わらず一本だけ。新宿の多くの地域は対岸が見えるのに渡れない陸の孤島のままなのだ。

そんな葛飾区には、さらに不便な地域がある。新小岩駅の北側から奥戸のあたりがそうだ。まず、新小岩駅から、葛飾区の北部へ行こうとすると橋が3本しかなくて、どう行こうとしてもえらく遠回りを強いられる。そんな地勢のためか、新中川南岸はほとんど江戸川区の植民地状態。それも仕方ないだろう。基本的に、橋は交通渋滞を呼ぶので、車で買い物に行くにしても、橋を渡って葛飾区側へ行くメリットは少ない。むしろ、江戸川区側を向いて暮らせば、やたら広い中州の一部に暮らしているみたいで精神衛生上もよさそうだ。

地図を眺めてよくわかったが、葛飾区は東西には、鉄道も通っているのでなんとか移動できるのだけれど、南北に移動するのが、えらく困難なのだ。そして、その原因を作りだしているのが橋の少なさである。

いや、橋の数はこれでもよいのかも知れないが、道が折れ曲がりすぎで、移動する際にえらい時間のロスを生じさせてしまうのだ。

橋の少なさに起因する、あまりにも厳しい葛飾の道路。それをなんとかカバーしてくれているのが、バスなのだが……。

亀有と金町をつなぐ道路橋は、中川橋のみ。周辺の道路も最大２車線と狭く常に渋滞するポイントである

松戸市とつなぐ橋は一本だけだが、大規模ショッピングモールの発展等で経済的結びつきは強まっている

バスがビミョー　区内はいいとして区外とは隔絶！

慣れていないと全然わかりません

東西に移動が困難な挙げ句、点々と陸の孤島が存在する葛飾区。やはり、バスは生活の上で貴重な存在だ。ただ、そのバスがえらくややこしいことこの上ない。

このバス路線を探索していて気づいたのだが、葛飾区の最大の問題点は、交通上の明確な起点が存在しないことである。

バスが交通における重要な役割をしめす足立区の場合、北千住の存在が大きく、区内の交通の結束点としての役割を果たしてくれている。

これに対して、葛飾区はどうかといえば、そうした交通の結束点になる地点がどこにもない。ゆえに、交通が外部の人間には、理解できないような妙なことになってしまっているのだ。

この葛飾区と同じような交通状況にあるのはどこかと調べてみた。東京西部だと三鷹から先の地域がこれに近い。ここの場合は、中央線と京王線に挟まれた地域が、陸の孤島状態。ちょうど、真ん中あたりに用があったりすると、どの電車で行って、どのバスに乗ればよいのか迷う。

葛飾区の場合は、それが同じ行政区の中で行われているものだから、余計に不便と感じるのだ。それでも、葛飾区はバスの需要が高いらしく都営バスはもちろん、東武バス、京成バス、京成タウンバス、日立自動車交通など多数の事業者がバスを運行している。

これらの路線の多くは、区内で完結するものが多いが、一部は埼玉、千葉方面にも向かう。特に、三郷市南部と金町駅を繋ぐバス路線は、葛飾区以上の陸の孤島に暮らす三郷市南部の住民にしてみれば、重要な生活路線である。ターミナルになる金町駅からは、ＪＲ武蔵野線新三郷駅行きや、つくばエクスプレスの三郷中央駅を経由して三郷団地方面へ向かう路線など、多彩な路線が整備されている。

対して、意外と交通の便が悪いのは足立区との連絡だ。亀有駅から西新井大師方面に路線が伸びていたりするが、本数は大変少ない。東京方面で、葛飾区外に向かうバス路線では江戸川区方面に向かう路線として、亀有駅、青砥駅、一之江駅・葛西駅・葛西臨海公園駅を経由して東京ディズニーリゾートという路線もあるが、ほかは、どれを見ても区内を循環するばかりである。目立つのは、新小岩駅から四ツ木駅、京成立石駅を通って、小岩駅を経由して市川駅までゆく路線くらいである。

区内をグルグル回るばかりのバス路線。よっぽど不便だろうなあと思っていたら、地元住民の感覚はそうでもない。バス路線探索中に、たまたま葛飾区生まれ、在住の知人に出会ったので、話を振ってみたら
「いや、葛飾区は電車は少ないけど、バスが充実しているからサ」

とのこと。ほかにも、乗り合わせたバスで聞いてみたりしたけど、バスの満足度は異常に高い。なるほど、東京の地下鉄だって外国人が見たら「迷路か！」って怒るもの。慣れればアレで充分なのでしょう。

バスは細い路地を停車しながら進むため、南北移動には時間がかかる。亀有駅から新小岩駅まで40分以上

交通不便地帯解消のため、長大なバス路線がいくつか存在。浅草寿町行きは、休日のほうが本数が増える

首都東京なのに葛飾区には地下鉄がないなんて！

東京では数少ない地下鉄不毛地帯

葛飾区には地下鉄が走っていない。さらにいえば、かつては都電も走っていなかった。

東京の地下鉄路線図を見ると、京成と都営浅草線が相互直通運転を行っている都合で、金町駅と表示はされているが、寂しい気持ちになる。

そんな葛飾区にも、これから、地下鉄が通る計画はないわけでもない。

実現の可能性がある程度あるのは、有楽町線の延伸計画だ。現在のところ、構想段階に過ぎない鉄道だが実現性はやや高い。というのも、2007年に、運輸政策審議会の答申として出された「東京圏の高速鉄道を中心とする交通網整備基本計画」において、通勤ラッシュの緩和等を目指し2015年までに建設に着手したい路線の中に含まれているからだ。

この計画、東京への路線を求める千葉県野田市や埼玉県吉川市からは「東京直結鉄道」という名称で呼ばれているが、葛飾区にとっても南北を縦断する鉄道ができるメリットは大きい。考えられる路線としては、豊洲駅から、りんかい線の東陽町駅、住吉駅から、押上駅、四ツ木駅、亀有駅、八潮駅、越谷レイクタウン駅、野田市駅という形である。もっとも恩恵が大きいのは、東京に繋がる路線を持っていない野田市だが、葛飾区にとっても都営浅草線以外の都心へのアクセス路線を持てることの意味は大きい。

しかし、この計画、2015年までに着工をといわれている割に、いまだ、どこが建設主体になるのかも決定していない。有楽町線の延伸なので、東京メトロが主体となればいいじゃないかと思うが、将来の株式上場を控えた東京メトロは副都心線を最後に地下鉄建設を終了する旨を表明している。

と、なると第三セクター方式等が取られることになるが、北総鉄道の二の舞は避けたいところである。

希望の星？　環七高速鉄道

南北を縦断する路線ができるので、葛飾区も当然盛り上がっているのだろうと思ったら、そうでもなかった。都心の東側へ行く路線は、都営浅草線で十分だからだ。葛飾区として渇望しているのは、都心といっても新宿、渋谷へ簡便にアクセスできる路線なのだ。

そこで構想されているのが、メトロセブンあるいは環七高速鉄道と呼ばれる計画。環七道路の下を地下鉄で接続しようというものである。葛飾区議会でも時折話題にはなっているようだが、問題は資金。総工費は約２兆円を超すといわれており、有楽町線の延伸以上に、困難な問題だ。

葛飾区は、足立区、江戸川区とともに、「環七高速鉄道促進協議会」をつくり、建設資金の確保や運営主体の選定などを進めてはいる。南北に弱い葛飾区の交通網の整備は、まだまだ時間のかかる問題なのだ。

これからどうなる？　新金貨物線!!
旅客線への変更は可能？

すこーしだけだけどまだ貨物を運んでいます

　地図を眺めていると、総武線の新小岩駅あたりから常磐線の金町駅に向けて線路が伸びているのに気づくだろう。これは新金貨物線とよばれる貨物専用鉄道の一部。単線で距離は約6キロ。かつて、この路線は常磐線方面から総武線を経由する貨物輸送に大きな役割を果たしてきた。

　現在、この路線を通る列車は1時間に2本程度。寂れた貨物路線に過ぎないこの線路が、葛飾区の交通環境を一変させるのではないかと、にわかに注目を集めている。

　それは、この路線を旅客化することで、常磐線から総武線を貫通する列車を走らせる計画だ。

貨物輸送の減少、旅客輸送の増大によって、東京周辺の貨物専用線が、旅客化されている事例はすでにいくつもある。

現在の武蔵野線・京葉線・東京臨海高速鉄道りんかい線などは、全部それ。これらは、そもそも貨物専用線として計画されたのち、旅客路線に転換されたものである。湘南新宿ラインも路線の多くは、かつて貨物専用線だった部分だ。

貨物線を旅客線に変える計画が！

このように、既に実例があるため、新金貨物線も旅客化することが可能ではないかという期待は高い。そこで葛飾区では２００３年度から予算をつけて、新金貨物線を活用した旅客化の検討を具体的に開始している。既に金町駅周辺では再開発も進行しているし、街の更なる発展のために有効だと判断されているらしい。区ではそれ以前の１９９３年にも旅客化の具体性の検討を実施したが、当時の予測では区の負担が最大６００億円になるなどの結果が出たため計画を断念していた。しかし、民間活力の導入で財政負担低減が可能になってきていることから、再び検討が具体化されはじめたのだ。

葛飾区の資料によれば、既存の線路をそのまま使用するなど、経費を十分に抑制した場合の初期投資費用は、最低50億～60億円と見込まれている。また、旅客化するにあたっては、金町駅と新小岩駅の間に新駅を設けることも検討。こちらも技術的には可能だとされている。ちなみに、旅客車両は貨物列車との兼ね合いもあるが、一日あたり最大72本が運行できると考えられている。もし、実現できれば、鉄道空白地帯となっている金町駅から新宿を経由し、新小岩駅から総武線で新宿副都心方面へ貫通する新たな都心アクセスが可能となる。足立区に比べて限定されてきた葛飾区の交通環境を一変させる有効な手段であろう。

既に線路があるのだから、有楽町線の延伸やメトロセブンの建設に比べたら費用は極めて安い。現状の貨物線は単線だが、心配は少ない。というのも、新金線は、以前から複線化できるだけの設備をもっているからだ。鉄道用地は複線分用意されているし、中川を渡る鉄橋は、現在、単線のみだが、その横には橋桁のない架橋が、準備されているのだ。

どうする？　どうなる？　踏み切り問題

　ただ、大きな問題が一つだけ存在する。それは、踏切への対処だ。京成線の京成高砂駅付近をはじめ、解決されていない「開かずの踏切」を抱えている葛飾区。実は新金線にも、このまま旅客化されると「開かずの踏切化」してしまう地点が存在する。それが、水戸街道（国道6号）との交差地点である。この水戸街道は、現状でも大渋滞している道路で、現在の4車線では足りず、6車線化が検討されているほど。そこが、「開かずの踏切」になってしまったら目も当てられない。そのため、立体交差化する必要が出てくるのだが、それにはさらに100億円程度を追加する必要が出てくるのだ。逆に、水戸街道のほうを跨線橋にして、線路を越えさせるという案もあるのだが、まだ、具体化には至っていない状況である。水戸街道のほうも、6車線に道路を拡幅する事業は、いつ完成するのかまだ判然としていないし、鉄道と道路の整備のどちらかが進展しなければ……という状況だ。

また、さらなる問題点として、ＪＲの態度も挙げられる。現状、総武線はかなり混雑した路線である。貨物輸送が、総武線を避けて武蔵野線を利用するようになったのも、路線の混雑のためだ。将来的に常磐線から東海道線に直通する、湘南新宿ラインのような運行も検討されていないわけではないが、総武線を通るルートは非現実的。つまり常磐線は高崎線、東北線と接続するルートなら可能性はあるが、総武線との接続は考えにくい。なにより、路線の混雑のみならず、常磐線の利用者が総武線経由の路線に溢れかえることになったら、輸送量もパンクしてしまう。

このように、有楽町線延伸やメトロセブンに比べれば、現実味があるかに見えた新金貨物線の旅客化計画も、「実現できればいいな」程度のものにすぎない。しかし、交通網の整備は時間かかっても仕方がない。足立区の場合、２００８年開業予定の、日暮里・舎人ライナーの計画が持ち上がったのは、１９８５年。しかも、当初は地下鉄が予定されていた。それが、紆余曲折を経て20数年で完成に至ったわけだ。葛飾区も既存の概念に囚われずに、様々な交通網の整備を考えるべきだろう。江東区では、亀戸～新木場間で計画しているLRT（超低床路面電車）の具体的な事業化調査が進んでいるし、豊島区でも、LRT整備を盛り込んだ「池袋都市再生プラン」の策定が進んでいる。都電は走っていなかった葛飾区だけれど、新たに路面電車を導入するのも、あり得ないことではないだろう。

交通網の再整備は本当に頼んます！

さて、新金貨物線の旅客化計画が強く期待されているのは、交通網の整備だけの問題ではなく、都市の再開発も含まれている。金町駅周辺で進んでいる大規模再開発は、三菱製紙中川工場が移転した跡地で行われているものだ。

2003年まで、この地に存在した工場は、金町駅から専用の引き込み線を持っている程、大規模なものであった。ここに工場が開設されたのは1917年というから、かなり古い。製紙工場に不可欠な水が大量に得られることや、当時まだ水運が重要な要素を持っていたことから、この地に工場が建設されたわけだ。

周囲が都市化してゆく中でも、貨物列車による原料輸送が行われていたため、イトーヨーカ堂の裏を、貨物列車が走ってゆく、そんな町中にある線路なのに、横断する道路には踏切もなかったりと、なかなかシュールな光景であった。

葛飾区には、中川の対岸にある東洋インキ工場跡地のように、今後、再開発を進めなければならない場所がかなり残っている。

それらの再開発にあたって、交通網の整備は不可欠だ。そのためにも、新金貨物線の旅客化は、優先事項。現在は、路線数というだけならまずまず充実している葛飾区だが、最大限に地域に貢献しているとはいいづらい鉄道網。川と橋の問題やバス路線の充実度など、問題点は多いように思われる。今後の展開が、期待される。というか、どれかひとつでいいから実現させてくださいよ！

※　※　※

京成押上線の高架化など、一部で整備の兆しはあるものの、いまだ葛飾区がガラリと変わるような整備は存在しない。とりわけ、橋は２０１０年から「橋梁長寿命化修繕計画」を実施しているが……、新規の建設は無理なようだ。

葛飾区コラム　5　買い物編

葛飾区の商店街はシロウトには敷居が高すぎる！

古い商店街が、いまだに現役の葛飾区。

それだけに、いったい営業しているのか否かも怪しいような奇妙な店を見かけることも多い。「ああ、昔は個人経営のスーパーマーケットだったんだな」と、痕跡を残しつつ、今は店の半分が物置と化している、そんなよろず屋もごくフツーに存在している。

金町駅北口の商店街にある、「ジグソーパズル専門店」もかなり謎の存在。さすがにこの店は、地元でも謎な店として噂されてるのだとか。

「開店休業かと思いきや、時々ディスプレイのパズルが変化している」

と、こんな声も聞こえてくる。やる気があるのかないのか、いまいち不明で

一応、若者向けの音楽も扱っているが主役は演歌 !?　今では少なくなった「街のレコード屋」の雰囲気だ

ある。さらに、古くからの住人によれば、

「20年前までは普通におもちゃを売っていたような気がするけど、気がついたらジグソーパズル専門の店になっていた」

とのこと。ジグソーパズル愛好家には、名の通った店らしく、遠方から訪れるお客も多いのだとか。調べてみたところ、葛飾区内には、もう一軒、亀有駅近くにもジグソーパズル専門店が存在する。「専門」を看板に掲げる店は、全国でも5、6軒しかないのだけれど、葛飾区に2軒もあるとは。やはり、オモチャメーカーが数多く存在していたことの名残なんだろうか。

オモチャといえば、奥戸の森永乳業の工場を過ぎた先のバス通りにも変わったオモチャ屋が。

オモチャ屋なのに、やたら屋根の高いトタン貼りの建物。どうみても、倉庫である。てっきり問屋なのかと、おもったら小売店。店先にならんでいるのは、ゴム鞠とか、ピストルとか、なつかし系のオモチャばっかり。でも、店先の貼り紙は「DS入荷しました！」だって。オモチャ屋も時代の流れには逆らえないのだろうか。そういえば、葛飾区といえばトミー（現・タカラトミー）のお膝元なのだけれど、あまりプラレールを売っている店を見かけなかった。せっかくだから、町おこしの材料にすればいいのに。

話は戻るが、葛飾区でも金町駅周辺は、いい感じの店が集中するスポット。再開発工事の関係なのか、アーケードの照明が切れて、うらぶれた感じを放っていたり、

昭和レトロ好きには、たまらない魅力を醸し出してくれている。中でも「音のデパート」を名乗る店には、やたらと演歌が充実しており、楽器も一緒くたに売っている。客も、この店に何十年と通い続けているような常連っぽい人が多くてイイ感じ。

あと、初心者お断りな雰囲気を放っている熱帯魚専門店も。下手に店の人に話しかけたりしたら、怒られたあげくにウンチクを延々と語られたりしそう。もしくは、「ったく素人は困る」と、まったく相手にされないような気もする。なんたって「ここは下町だよな?」と自問自答してしまうほど、ゼロの数の多い魚が平気で水槽を泳いでいるのだ。

葛飾区には「なんで下町に、こんな高級店が?」と思ってしまうような店舗もかなり多い。そうした店の多くは、言い方は悪いけど、営業しているのかどうなのかわからないような傾いた店舗だったりする。むしろ、そんな店だからこそ、本物を知る人しか寄せ付けないのだ。例えば、都心のお洒落な街に店舗があったりしたら、途端に、知識はないけど買ってしまうようなタイプの客が増えて店が俗化してしまう。それに対して、下町のこうした店は、まず入るところから「怒られるんじゃないか」とか、ドキドキしてしまう。その時点で、売っているものをホントに欲しいのかどうかの関門になっているわけだ。また、店のオヤジだって愛想がいいわけではないから、客もそれなりに知識をつけて相対しなければならない。かくて「本物の店」が誕生するわけだ。

さて、食い物屋では、フラリと入った新小岩駅ちかくの食堂では、恐怖体験をしてしまった。席について、注文を終えて壁を見ると「食べきれない場合は、パックを差し上げます」という張り紙が。

「しまった！　大盛りチャレンジャーな食堂だったのか」

大盛り頼んじゃったよ。と、ドキドキしながら待っていたら、ご飯はちょっと多めだけど、ごく普通の量。いったい、どれだけ食の細い人がくるのか？揚げ物がウリの店みたいだけど、客が老人ばかりだから、念のため書いてある様子。味付けは肉体労働者向けの濃い味で、懐かしくもあり感動した。個人的な感想だが、葛飾区のちょっと古い感じの店舗は、どこも食い物が美味い。喫茶店にも、ちゃんと食事メニューが揃っており、満足度は高い。そういえば足立区に増殖中の「10円まんじゅう」は葛飾区にも店舗を増やしている。今後、ソウルフードの地位を築くことができるのか、今から楽しみである。

また、ラーメン通に葛飾区の話を振ると、必ず出てくるのが堀切系二郎の話。三田に本店を構える二郎は、いくつかの系列に分かれているが、そのひとつが堀切系のネットワーク。最近は、「ラーメン大」という店舗名に変更されつつある。この店舗の特徴は、野菜の量。二郎系はどこでも量が多いけど、野菜増しなんて注文したら、謝って出てくるしかない。店舗名は「ラーメン大」だが、大盛りを頼むのは、覚悟を決めてからのほうがよい。

大盛りといえば、柴又の蕎麦屋も素敵だった。もりそばを大盛りで頼んだら「多いけど大丈夫ですか?」と店員さんが言い出す。たかをくくって、大丈夫だと答えたら、2人前を遥かに超える量のもりそばが到着。東京らしく、つゆは濃い口で美味いけど、量に困惑。でも、ツルツルと飲み込めるんだから、そばとは不思議な食べ物である。それでも、かなり満腹だったけど。

葛飾区で、味のある店舗は柴又ばかりが取り上げられがちだけど、葛飾区の商店街は、どこも何年前から営業してるのか不思議な、老舗風味の店ばかり。商店街を歩いているだけで半日は楽しめるはずだ。この本を読み終えたら、探索してみることをオススメするぞ。

第７章
ついに本格化？葛飾にも再開発が!!

大学が金町を変える!?

金町が文教地区だって?

さて、調べれば調べるほどなんともビミョーな土地だった葛飾区。しかし、リーマンショックの傷も癒え始めた2010年代に入り、人口の増加を続ける東京都にあって、葛飾区も遅ればせながら「再開発」の動きが本格化してきた。本書の最後となるこの章では、これら最新の動きをさぐっていくことにしよう。

 さて、まずは葛飾区の中心(という場所がどこなのかは議論がつきないが)のひとつである金町の話題から。なんと! 知らないうちに金町は「文教地区」ということになっているらしい。

そもそも、金町なんて『こち亀』で時折「金町浄水場」が描かれたから知っている程度のマイナーな地域。この浄水場は墨田区、江東区、葛飾区、江戸川区、足立区、荒川区の全域、台東区、北区の大部分及び千代田区の一部と東京の広い地域をカバーしている都民の生活には欠かせない施設。でも、金町に行ったことのある人は少ない。かりにあるとしたら、柴又に行く途中に常磐線から乗り換えたんじゃないかな……。

もともと、この地域は大小の工場が建ち並ぶ下町の中の下町といえる地域。それが文教地区として脚光を浴びている理由は、2013年の東京理科大学の移転だ。ここは2003年まで三菱製紙中川工場があった場所。隣接する三菱ガス化学東京工場と共に広大な工場が広がっていた。この工場には常磐線から分岐した専用線がイトーヨーカドーの裏に敷かれていて、鉄道ファンには知られたスポットでもあった。

これら工場の土地が空いたことで大規模な開発が可能になったのである。ここに都心の神楽坂から移転してきた東京理科大学。移転した学部は理学部や工学部など男子比率が高い学部ばかりなのはいかんともし難い。ともあれ、複数の学部が丸ごと移転したことで、金町の昼間人口は4000人あまり増加したとされる。加えて、若者の増加に対応するかのように店舗の入れ替わりも始まっている。東京理科大へと続く道沿いにある商店街に至っては「理科大商店街」に改名するくらいだから、地域の理科大に対する期待は高い。

理系なんで男ばっかし増加？

都心の神楽坂から移転したことで、学生の質が低下するのではという懸念はあるものの、地域としてはまたとない活性化の起爆剤になっているのである。

そんな期待を背負った東京理科大学は、駅からは徒歩10分以上離れた立地。そんなに離れていて、活性化に役立つのかと思いきやキャンパス周辺ではマンションも含めた開発がなされている。特徴的なのはキャンパスには塀がなく隣接する「葛飾にいじゅくみらい公園」と一体化していることだ。つまり、大学自体が周囲のマンションによって誕生したニュータウンの一部になっているのである。

しかも、地域住民対するサービスにも積極的で、男子ばっかの理系大学とは思えないほどオシャレなカフェや学食は、外部の利用も大歓迎。図書館も区立図書館の貸し出しカードで利用可能というサービスまで実施している。今年には、このキャンパスに隣接するマンションも竣工。これによって、人口は５０００人規模で増加することが見込まれている。周囲にはスーパーのみならず老人ホームやフィットネスクラブなども建設されており、工場跡地に新たな街がひとつ出来上がったといったほうがよいだろう。

だが、いくらオシャレなニュータウンになったところで、やはり下町‼　あえて、金町にマンションを購入するのはどういった人々なのか。そのカギとなるのが不動産販売での説明。金町の分譲マンションの広告で特に強調されているのは「二線二駅利用可」というもの。確かにウソではない。ＪＲ金町駅からは常磐線各駅停車に乗車することができる。この路線、綾瀬から地下鉄千代田線に接続されるので、西日暮里駅で乗り換えれば東京駅まで30分以内にたどり着くことが出来る。すなわち、都心へのアクセスは意外に便利である。とはいえ「二線二駅利用可」のもうひとつは、京成金町線。金町駅〜柴又駅〜京成高砂駅と間に駅が一つしかない23区のローカル線。柴又に観光に行く以外になにか必要があるのか……。

無理矢理利便性を考えてみよう。京成高砂駅で乗り換えれば千葉方面へのアクセスも良好かも。もともと、金町は鎌倉街道で江戸川を渡河する場所として発展してきた経緯のある街。21世紀になって再び、東京と千葉とを繋ぐ結節点としての価値を高めつつあるかもしれない。都心で働いていて郊外に住居を求める人はもちろん、職場は千葉方面だけど都心に近いところに住みたいという需要もカバーできる……そんなヤツほとんどいねえよ！　やっぱ「二線二駅」は無理筋だよ！

悪評も高い南口の再開発

ともかく、金町駅周辺での再開発はかなり進行している。すでに再開発を完了したのが駅の南側だ。かつては、アーケードのある、すずらん通り商店街が広がっていた。もともと、工場に隣接した繁華街ということもあってか、この商店街は平日でも賑わっていたと、当時を知る住民は語る。しかし、そうした商店街の喧噪は再開発によって、ほぼ消滅した。商店街のアーケードが消滅した後に出来上がったのは、タワーマンションを中心とした複合ビル・ヴィナシス金町である。このマンション。まだ高層建築の少ない金町周辺ではランドマークとしても機能しているのである。

だが、住民に聞くと評判はあまりよくない。行政の主導によって鳴り物入りで行われた再開発なのにまったく繁盛していないのだ。このビル、2階部分までテナントが入居しているのだが、なぜか空き物件もえらく目立つのである。次の項目で、京成立石駅周辺の再開発について触れるが、こちらの再開発でも金町のようになってしまうのではないかという懸念が根強いのである。

そんな惨状になっているというのに、東京理科大の効果をアテにしているのか、金町周辺では更なる再開発の計画が進んでいる。ヴィナシス金町の隣接地では、新たにタワーマンションが建設される予定だ。

この駅南口の再開発に負けじと、再開発を目論んでいるのが駅北口。こちらは、前述のとおり東京理科大の玄関として機能している街である。だが、駅を降りてみると妙な違和感を感じる。確かに東京理科大へ案内する看板はあるのだけれど、駅前に広がるのは雑然とした下町の繁華街の光景だ。駅前には雑居ビルとスーパー。そして、遠景には巨大な公団住宅が飛び込んでくる。この金町駅前団地は、1968年に竣工したもので、当時としてはかなりオシャレな物件だった面影を残している。だが、ほかの団地もそうであるように、今では下層階の商店も壊滅に近く、単なる古ぼけた団地以外何物でもない。しかし、この団地、いまだに具体的な再開発の計画は決まっていない。3DKでも、家賃10万円程度という23区とは思えない安さゆえに、誰も引っ越したがらないのだろうか？

物価は安いので住みやすいのは確実

このように、様々な問題も抱えている金町。それでも、ここまで記したように新住民は増加する一方だ。交通の利便性など様々な理由はあるが、住居を求める決め手は、やっぱり23区とは信じられない安さである。東京理科大周辺のマンションは、現代的でオシャレなのでそれなりに値札を心配しない人が住んでいるのかと思いきや、そういった住民でも物価の安さを一番に挙げる。

いまいちアピールされていないし、わざわざ出かけるには遠すぎることもあってかマイナーな金町だが、ここは激安タウンとしての側面も持ち合わせている。総菜は安いし、１００円ショップも多い。それに、リサイクル店舗も山のようにある。かけそばに至っては２００円で食べられる店もあって、エンゲル係数の低すぎる街になっているのだ。駅南口は再開発によって、そうした古い町並みがほぼ破壊された。そのため、周辺住民は恩恵にあずかることができる機会は少ない。対して、駅北口は、商店街が残っていることで新住民にとっても安く暮らすことができる街として役立っているというわけである。

なにより、地域にある「新宿」という地名。江戸時代以来の伝統ある宿場町ではあるが、ここに住んでいても「私は新宿に住んでいる！」とは言い張れ……ないか。

金町の街の姿を変貌させた東京理科大学のキャンパス。街を歩く人に大学生が加わったのも影響が大きいだろう

金町のマンション建築はそろそろ落ち着く頃か。駅近くの物件は人気が高く、すぐに埋まっていく

大規模な再開発が進む立石

昭和の街立石が終わってしまう？

最近では「昼ベロ」の聖地として注目されつつある立石。21世紀になって、だいぶ時間が経ったというのに、街には昭和の雰囲気がバリバリ。終戦直後から続いているとおぼしき飲み屋がいくつも軒を連ねているのである。それに加えて、狭い路地のような商店街には、びっくりするほど安い総菜屋も多数。この街に住めばエンゲル係数は相当低くなることが容易に予想できる。

最近、味のある飲み屋が多い街として知られている北区の赤羽だが、実のところディープさでは立石のほうが濃い。それに、赤羽は各種メディアに取り上げられたせいで、いつも外からやってきた客で混雑している始末。わざわざ、行列してまで入りたい店かと自問自答してしまうだろう。

それにひきかえ立石は……と、思っていたら立石も、同じ状況に。土日になると、立ち飲みの居酒屋だとか寿司屋に長蛇の列が出来ているのである。生まれも育ちも立石という人物に聞いてみたが「テレビなんかで放映された翌日には、とんでもないことになるよ」という。今回、取材で何度か街を訪れる機会があったが平日の夕方でも、行列のある店が当たり前のように存在する。やっぱり、陽も高いうちからベロベロに酔っ払っていても、人の目が厳しくない街は魅力的だということなのか。

そんな下駄履きで暮らせる街にも、いよいよ危機が迫っている。この街にも、バラック同然の商店街を中心に取り壊して、再開発をする計画が始まっているのである。これまで、少し都心から外れている感もあってか、なかなか再開発の進んでいなかった京成線沿線。スカイツリーの開業は、ひとつの起爆剤となったのか、えらい勢いで街は生まれ変わっている。とりわけ、スカイツリーの近辺は驚く。これまで、ちょっと都心から離れた下町……と思っていたら「アーバン」なんて言葉のほうが似合う街になっているではないか。

当初は、業平・押上界隈だけかと思った再開発は京成線を伝って外へ外へと広がっているのだ。一つの実例が、京成曳舟駅周辺だ。工場と長屋ばっかりが建ち並んでいた下町は、瞬く間にタワーマンションが林立する新たな郊外都市に変貌を遂げた。これまでの路地裏のような町並みは防災のために大幅に区画整理され街の雰囲気はほぼニュータウン。もちろん、これまでの商店街を破壊し尽くしているわけではない。新たに建設されたタワーマンションの一階部分には、元あった商店も入居して街の伝統は保たれている。だが、やっぱりなにか違和感。２０１６年に竣工したタワーマンション・アトラスタワー曳舟なんて、一階に商店と並んで共産党の事務所が入居しているんだが……。資本主義の象徴の中に事務所を置くというのは、どういう心境なんだろうか？

この京成曳舟駅周辺の再開発を見れば一目瞭然だが、タワーマンションに軸を据えた再開発は結構な違和感を催す。なにしろ再開発の対象にならなかった地域との間には、えらく雰囲気の落差があるのだから。その光景は、南米あたりにありそうな超絶金持ちの暮らす高級住宅地とスラムとの関係に近い。ちょっといいすぎの感もあるが、今、立石の街で注目されている再開発とは、それくらい街をガラリと変えてしまう計画なのだ。

防災面では変わらなきゃ

現在、立石で計画されている再開発は駅の南北ともに大規模なものだ。まず、2019年にも着工が予定されているのは北側。現在、葛飾区役所へと通じる商店街と、その裏の通称「呑べ横丁」と呼ばれる昭和な風景が広がる地域である。計画では、ここに35階建ての住宅と、12階建ての公共施設が入居するビルを建設。さらに、駅前には巨大な交通広場をつくることが予定されている。公共施設側には、老朽化した葛飾区役所の移転も予定されているという。つまり、現在の商店街は消滅し、巨大な交通広場とビルのある駅前になる予定である。さらに、南側の計画では、仲見世商店街などの商店街をすべてビルにすることが計画されている。こちらは2020年の着工を予定しており、北口と同じく33階建てのタワーマンションと3階建ての公共施設と店舗が入るビルを想定して計画が進んでいる。

これらの再開発と共に、京成線の高架化も予定されており計画が進展すれば、いまだ昭和の雰囲気が溢れる立石は郊外型の都市へと完全に姿を変えることになりそうだ。

最近は「下町の首都」だとか「大人のＵＳＪ」だとか、妙な謳い文句で多くの来訪者を集めている立石。昭和の風景がウリになっている以上、計画は進んでいないのではないかと思いきや、前述のように結構具体化しているのだ。計画が進んでいる最大の理由は災害時の脆弱さだ。街を歩けば一目瞭然のように路地が多く、火事の危険度の高い立石一帯。とりわけ、地震には弱い。中でも、南側の商店街のある立石一丁目、北側の商店街のある立石四丁目は建物倒壊危険度が、最大値の５である。火災危険度は立石一丁目が４、立石四丁目は５となっている。いずれ発生する可能性の高い大規模な地震の際には、かなりの惨事が容易に予測できる。立石に限らず、四つ木や堀切など葛飾区は区全体で建物倒壊危険度も火災危険度も４という数字が目立つ地域だ。その中でも、もっともヤバい地域として、認識されているのである。

どこの地域でも再開発の計画が持ち上がると「反対」ののぼり旗が目立ったりするわけだが、立石の場合はあまり多くはない。地域の住民それぞれに思いはあるが、いざ災害の時にヤバいことは共通の認識になっているようである。

ただ、多くの住民は、計画の成り行きを見守っている様子だ。いくつかの店舗で再開発について聞いてみたが「進んでるみたいだよ」というばかり。これも下町の特性なのか、率先して反対とか賛成を述べる人はまったく見かけることがなかった。

マンションバブル崩壊で立石も消滅

再開発でタワーマンションを建設することの是非は別として、ひとまず防災のためにもなんらかの方策はとらなくてはならないというのが、立石の住民の共通認識の様子。ここで問題になるのは、南北にニョキニョキとタワーマンションを建設する、いまもっとも定番の再開発が立石にとって利益となるかどうかである。

2020年の東京オリンピックを見込んでか、東京のあちこちで再開発とマンションの建設は盛んだ。2016年現在も、マンション価格の値上がりは続いており転売目的で購入する富裕層も多い。とりわけ都心部では日本人のみならずアジア諸国の富裕層も転売目的で所有している事例が増えている。今、マンションを購入すれば、買った時よりも高い値段で転売できる……投資するならマンションが確実と、多くの人は考えている。売り手である不動産会社も投資目的でのマンション購入を前提に次々と建設を進めているわけだ。だが、実際のマンションを見ると驚く。２０１６年に入ってもマンションが値上がりしているのは、港区・中央区・千代田区だけ。ほかの地域はというと23区でもマンション価格は値下がりの兆候を見せているのだ。

立石でも駅周辺の地価公示価格を見ると２０１５年には坪あたり１１９万円だったものが２０１６年には１１５・５万円と２０１２年以降の上昇がストップし下落しているのである。大前提として、日本は人口減少傾向にある。これに加えて婚姻率も下がっている。日本の人口減少率はおおむね毎年26万人減で推移している。これは、地方都市が丸ごとひとつなくなっているのと同じ数値である。すなわち、マンションの供給量に対して需要は圧倒的に不足しているのだ。こうした状況で先んじて価格が暴落しているのが首都圏郊外の中古マンションだ。今や、建物の古さに拘らなければ2ＬＤＫで都心まで電車で一時間あまりの中古マンションが500万円程度で購入できる状況にまでなっている。近い将来、マンションバブルは崩壊し、都心部でも大幅に価格が下落すると予測されている。

こうした状況で、2019年以降に着工を予定している立石の再開発の未来はどうなるのだろうか。多くの列車が通過する京成線であるが、京成立石駅に停車するのは各駅停車のみ。京成線を間断なく走っている特急も、アクセス特急も、快速特急も止まらない。もちろん、快速だって通過だ。

そんなローカルな駅に、巨大なタワーマンションと複合ビルが建設されて果たして需要はあるのだろうか。とりわけ、防災の要素も兼ねた駅前広場は計画では東京駅八重洲口前のロータリーと同等の広さの計画だ。いくらなんでもやり過ぎ感があるように見える。

さらに、再開発の一つの柱になっている葛飾区役所の移転にも批判がある。葛飾区役所は1962年に建設されたもので耐震基準で問題があることはわかっている。ところが、同じく1962年に建設された庁舎がある江戸川区は建て替えは行わず耐震工事で持たせることを決めている。そのため、地域住民に聞いてみると「再開発をしたいためにに、区役所の移転を進めているのではないか」という批判の声もあるのだ。

防災面からは避けられない再開発だが、周囲の地域がほぼ再開発を終えた中で、周回遅れになっているのも事実。マンション供給過剰の現在、完成したはよいけど空き部屋だらけ。多摩ニュータウン的なゴーストタウン化してしまう可能性も十分に考えられる。

なにより、用がなければいくこともない立石が、最近ようやく顧みられてるのは街の昭和レトロな雰囲気ゆえ。それがなくなって、単なる郊外の凡庸な街になってしまえば、どこに発展する要素があるのか、大いに疑問である。

レトロな飲み屋街として人気上昇中の立石駅通り。北区の赤羽といい、昨今はこういう「昭和」な雰囲気がウケる時代なのだ

大規模な再開発が予定されている区役所方面の街並み。この界隈は現在寂れ気味なエリアもあるので地元は再開発を歓迎している？

ついに高架化!? 葛飾区の京成線

解消されそうにない開かずの踏切

葛飾区でも随一のターミナル駅となっている京成高砂駅。京成本線と京成金町線のほか、成田スカイアクセス線と北総鉄道北総線の4つの路線が乗り入れ、隣の青砥駅と共に京成線の重要な結節点となっている。スカイライナーは通過するものの、ほかの特急・急行はすべて停車する重要な駅だ。その利便性ゆえに、周囲にはマンションも建ち、ベッドタウンとしての再開発も進んでいる。

だが、この駅には重大な問題がある。それを示すのが駅周辺のあちこちにかかっている「連続立体交差事業の早期実現！」の横断幕だ。そう、様々な路線が乗り入れる京成線。この幹線の存在によって葛飾区は、存外に都心との交通が便利になっている一方で、街が分断されるという悲惨な状態を長らく味わってきた。

その悲惨な状況を、もっとも味わうことができるのが京成高砂駅なのである。中でも、もっとも悲惨さが際立つのが駅の千葉県寄りにある踏切だ。京成本線に加えて、成田スカイアクセス線、北総鉄道北総線が乗り入れているため、ひたすら開かずの踏切を味わうことができる。遮断機にある列車の来る方向を示す赤く点灯する矢印のマーク。列車が通り過ぎ、ひとつが消え「やれやれ、もうちょっとか」と思いきや、また別方向の矢印が点灯するのである。

この駅の恐ろしさは、そうした開かずの踏切がラッシュ時以外にも続くことである。なぜなら、駅が車両基地に隣接していることから、昼間だろうが夜だろうが構わず開かずの状態が続くのである。

「もしかして、この踏切は永遠に開かないのではないか……自分は、なにか異次元に迷い込んでしまったのではないか」

そんな絶望的な気分になるほどに、踏切で待たされるのだ。諦めて、横のエレベーターから橋上の駅舎に登って迂回する歩行者もいる。しかし、自転車や自動車、老人はひたすら待たされるしかないのである……。

　でも、京成高砂駅や青砥駅のように、普通列車以外が停車する駅はまだマシだ。葛飾区内には、普通や快速程度しか停車せず、乗ることもできない列車が通過するまで、延々と待つしかない踏切が数多存在する。その数は11カ所にも及ぶのだ。

　しかも、京成高砂駅の傍の踏切は便利になるどころか不便になってしまっている。というのも２００６年までは、係員が手動で開閉できる方式で融通を利かせていた。ところが２００５年に東武伊勢崎線竹ノ塚駅そばの踏切で事故が起こったため、自動式となり以前より閉まっている時間が長くなってしまっているのだ。

　この不便を解消するために、京成高砂駅周辺では高架化が叫ばれ続けている。その動きが始まったのは、１９７３年に北総線の事業認可が行われた時だというから、既に40年以上にわたって要望は続いているのだ。北総線が開通したのは、ようやく１９９１年になってからだが、この時には高架化は実現しなかった。だが、２０１０年に成田スカイアクセス線が開業すると、再び高架化を求める声は強まった。列車が増えることで、開かずの踏切状態がさらに悪化するのだから、当然のことである。

２０１５年、葛飾区と地元がまとめた「京成高砂駅周辺地区のまちの将来像」では、高架化に併せた再開発プランが掲載されている。この再開発プランは、かなり大がかりなものだ。

まず、線路は連続立体交差にして踏切は廃止。これに併せて、駅前広場を建設する。さらに隣接する車両基地は移設。駅に近い都営団地の土地に新設するというものだ。この新設される車両基地は地下化し地上部は公園にするというプランが練られている。

かなり壮大なプランではあるが、東京都が２００４年に策定した「踏切対策基本方針」では、京成高砂駅周辺を都内で「鉄道立体化の検討対象区間」とされた20区間のひとつに位置づけ。さらに２００８年に連続立体交差事業の事業化に向けて取り組む「事業候補区間」に選定している。すなわち、将来的には連続立体交差化が実現する可能性は極めて高いのである。

京成立石駅周辺もようやく着工

これに先だって、葛飾区では既に高架化が進められている区間もある。京成立石駅周辺再開発の理由として挙げられている、四ツ木駅〜青砥駅間の高架化事業である。これは２０１５年に完了した押上駅〜八広駅間の全面高架化に続いて行われている事業だ。この高架化では明治通りに残っていた踏切などがすべて消滅。同時に、京成曳舟駅の建て替えや周辺の再開発も行われ、駅周辺は下町から新興のベッドタウンへと大きく変貌を遂げている。あくまで、徐々にではあるが京成線の高架化は、ほぼ決定事項と考えてよい。

ただ京成立石駅周辺再開発が具体化していることから、近々着工なのかといえば、そうでもない。四ツ木駅〜青砥駅間の事業は、２００１年に都市計画を決定し２００３年からスタートしている。この時点では、２０１２年に完成する予定だったのだが、現在示されている事業の完了予定は２０２２年度と10年遅れになってしまっているのだ。

ここまで事業が遅れた理由は、土地買収の難航が原因。ようやく２０１６年から工事は着工されているのだが、それでも必要な区間の用地買収が完了していないという。とりわけ、難航しているのは京成立石駅周辺だ。『日刊建設工業新聞』２０１６年2月10日号によれば、未買収区間も「対象地の大半の権利者は補償金算定などのための調査に応じている。16年度末までには、対象地を取得した上で更地化できる見通しだ」とはしているものの、実際にどうなるかは不透明なままになっている。立石の再開発のページでも触れたが、街の雰囲気をガラリと変えてしまうことに繋がりかねない事業だけに、住民には複雑な思いがある様子だ。

しかし、線路を高架にすることによって地域の交通が変貌するのは間違いない。幾度か触れている京成曳舟駅周辺の高架化では、明治通りをはじめとして合計6カ所の踏切が撤去された。これによって、まず大きく変わったのは渋滞の解消だ。明治通りでは踏切の存在によって踏切の前後に最大３８０メートルの交通渋滞が発生していたのだが、これが消滅。さらに踏切前後の移動速度が、高架前の時速13・３キロから27・１キロと大幅にスピードアップしたのである。東京都が２０１６年5月に行った発表によれば、こうした渋滞解消と共に市街地の再開発が受け入れされていることを強調。地元でのアンケート調査では７割が「まちがよくなった」と回答しているとしている。

高架にするメリットはあるのか

このように、徐々にではあるが進んでいる葛飾区内の京成線の高架化。しかし、順調に進んでいるように見えて、京成高砂駅周辺は、いまだに「事業候補区間」というのは、大きな問題だ。

ただ、京成高砂駅を高架化すると、その先もすべて高架にする必要がでてくる。それには膨大な時間と金がかかることになる。この京成高砂駅から先の高架化の実現を後押しするのは、江戸川の対岸にある市川市の動向だ。市川市では２００１年から京成本線の立体化に向けて様々な検討を行っている。最新の資料である２０１１年の「京成沿線のまちづくりに関する整備構想報告について」では、京成八幡駅周辺で道路と鉄道を立体交差する方式として車道のみを堀割にして鉄道の下を通る方式が、予算も少なく望ましいと記している。

立石の商店街／飲食街の中でも、再開発で壊されてしまうのがほぼ確実な仲見世。今のうちに訪問しておかないと後悔することに？

市街地の分断を解消する目的で、鉄道と道路を立体交差させることはメリットが大きいがやはり、ネックになるのは予算。例えば押上駅〜八広駅間の場合。総事業費約310億円のうち、負担割合は国が43％、東京都が30.1％、墨田区が12・9％、京成電鉄が14％となっている。

果たして、それだけの予算を投じた分だけ、メリットがあるのかどうかが実現の課題になるわけだ。東京のほかの地域では小田急線や、京急線が次々と高架化を実現しているわけだが、京成線が全面高架化されるのは、まだ先の話になりそうだ。

すでに高架化が済んでいる青砥駅。徒歩の通行は便利だが、街並みはちょっと殺風景に見えるかも

古き良き「私鉄沿線」な雰囲気バリバリの立石だが、その不便さはすでに我慢の限界。この景色は捨てがたいが、もう諦めるしかないだろう

葛飾区再開発の動きはまだまだだけど

地下鉄延伸構想をどう捉えるべきか

着実に進んではいるが、その歩みのスピードは他区に比べ妙にゆっくりな葛飾区。ただ、進んだら進んだで立石のように「チャームポイント」を喪失してしまう恐れも出てくるわけで、こののんびり具合は「慎重に進める」ことにつながると考えれば、そう悪いことでもない。

再開発を慎重に進めていきたい理由はもうひとつある。未だいつどうなるか不透明すぎる地下鉄の延伸計画への準備と対応だ。

葛飾区に関連する延伸・新規路線計画は4つ。東京8号線延伸（押上～野田市）計画、東京11号線延伸（押上～松戸）計画、区部周辺部環状公共交通（環

七高速鉄道「メトロセブン」）と、新金貨物線貨客併用化計画である。このうち、地下鉄の延伸計画は有楽町線からつながる８号、半蔵門線に繋がる11号。メトロセブンは環七に沿って（もしくは地下、道の上に高架線）走る完全な新線。新金貨物線は小岩から金町を結ぶ単線の貨物路線を旅客線としても使おう、というものだ。

これらの計画、何となく「つい最近盛り上がってきた」もののように見られがちだが、実はどれも20年以上前から構想が練られてきたもの。要するに、まだまだ「夢のまた夢」な段階なのである。ではなぜこれらの延伸（新線）計画が話題になっているかというと、２０２０年の東京オリンピックに合わせ、一気に実現化しよう！　という機運があったからである。しかしだ、本稿を執筆している２０１６年現在、つまりオリンピックまでわずか４年。まだまだな〜んにも進んでいないに近い状況。オリンピックまでに開通という夢は、儚く散ったというべきである（サプライズ開通の可能性は……やっぱないか）。

という段階なので、これから進める葛飾区の再開発において、延伸や新線を「軸」に据えた計画は立てづらい。つくばエクスプレスと日暮里・舎人ライナーが現実に開通している足立区とはまったく事情が違うのである。だが、「いずれ通るかもしれない」という「想定」は必要だ。これらの路線がすべて実現化すると、亀有駅（8号）、四ツ木駅（11号）、青砥駅（セブンライナー）などが、ターミナル駅となる。そうすると、それらの新線がつながるエリア、例えば11号線なら松戸、錦糸町、大手町、渋谷に「通勤する人」が四つ木に住むようになるわけだ。つまり、「それらの街に通う人達が好むような再開発」をしておかないと、せっかく鉄道が通っても新しい住民にそっぽを向かれてしまう恐れがある。そう考えると、延伸・新線計画がもう少し見えてくるまでは、再開発なんかしないほうがいいのでは？　という気分になってくる。焦って再開発をしてしまうと、大けがをしかねない、といえないだろうか。

まずは今ある魅力を活かすべし！

再開発の計画が立てづらいのなら、まずはマンション建設などは自然の流れにまかせ、一方で「商店街の復活」に重点をおいてみたらどうだろう。といっても、単純に「復活」するのはほぼ不可能。戦後型の商店街と現在のニーズは、すでに修正不能なほど離れてしまった、とみるべきだ。だとすれば「昭和のテーマパーク」として「街並み保存地域」を作るという考え方はできないだろうか。実際、失われつつある立石は、そのレトロさが人気の要因だ。葛飾区には、すでに「テーマパーク」として確立している柴又がある。そのノウハウを活かせば、金町の商店街などは、まだまだ「観光化」の可能性を残している。古いお店の外装内装をキレイにするだけなら、それほどお金はかからないだろうし。

要するに、下手に動けないのなら、今後の状況に合わせて柔軟に動ける体勢を整えておくべきなのだ。ほとんど「無為」で、チョコチョコッと小手先の街作りをしつつ、駅前の用地買収を水面下で進めておく、などという感じだ。本来ならば、新宿で宿場町を再現したりしたいところなのだが、そういう無理は後でまた考えよう。

もちろん、ここでいう「小手先の街作り」の方向性は、別に「昭和村」が絶対的な正解などというつもりはない。だが、他の地域ではすでに失われていて、葛飾区に残っているもののひとつが「下町」であるというだけの話だ。葛飾区の歴史をみると、葛飾区は「土地としては」確かに下町ではないが、葛飾区民は江戸っ子の子孫であるというのもまた事実。これを意識した再開発を考えることは、葛飾区民の「民意」に沿っているのでは、と思うのだが、葛飾区民の皆さん、どうでしょうか。

とにかく、今も葛飾区は、他区に比べて「急速な変化」を迎えていない区といえる。いくらマンションがニョキニョキ建っても、大学がやってきても、本質的には葛飾区の「平成」は、実はまだ訪れていないのである。今もまだ昭和のまどろみの中にいる葛飾区。もうしばらく、のんびりとしているのが案外「正解」なのかもしれない。

まだまだ、葛飾区は「ビミョー」なままでいるのが、とりあえずは幸せなのである。

「江戸」な雰囲気は、震災と戦災で葛飾にやってきた江戸っ子達がつくってきた。これをどこまで守れるかも今後の課題のひとつだろう

あとがき

久々に葛飾区を歩いてみて、正直な感想は「全然変わっていないなあ」というものだった。それが良いことなのか悪いことなのか。正しい見方なのか間違っているのか。それを考えながら、編集を進めることになった。

少なくとも比較的には、葛飾区は「変化がない」区だろう。いや、変わってはいるところは多数ある。例えば金町の駅前の道ばたが、以前に比べ妙にキレイになっていた。2008年に訪れた時には、落ち葉とタバコの吸い殻がこんもりと溜まっていたのが、今はもうない。全員ヒョウ柄の家族連れもいなかったし、例のレコード店は閉店していた。何より、巨大なヴィナシス金町が完成し、すっかり「近代的な駅前」になっている。また、理科大がやってきたことで、金町駅の乗車人数は、2013年から一気に3千人も増えたのだ。紛う事なき大変化が起きている。

それでもなお、感じたのは以前と同じ葛飾の空気だった。駅ビルを建て替えただけで、雰囲気が一変してしまった日暮里にあった喪失感が、金町には無いように思えた。

その理由は、おそらく「住人が変わっていない」ことに起因しているのだろう。再開発が進んでも、街を歩く人々はあまり変わっていない。やはり、葛飾区が本格的に変わるのは、何らかの新しい鉄道が通ってからなのだろう。

葛飾区には、まだ懐かしい猥雑さが残されている。駅前は変わっても、一歩住宅の密集地に足を踏み入れれば、まだまだのんびりした街並みが存在している。これを「遅れている」と捉えるのが、多分正解なのだろう。でも、画一的な四角いマンションと、新しいだけが取り柄の細長い一戸建てばかりの土地が増える中、むしろ葛飾区の古くさい街並みは、その価値を高めているのではないだろうか。

本書の結びで、「今、葛飾区は無理して変わるべきではない」と述べた。とりあえず、しばらくは大きな変化を遂げた他の地域をじっくり観察してみてはどうだろう。そうすれば、なくしてはならないものが何なのか、見えてくるように思う。変わっていないことこそが、真に「誇り」とするべきことなのかもしれないのだから。

参考文献

【葛飾区】
・葛飾区政策経営部企画課統計調査係
『第50回葛飾区統計書』2006年
・葛飾区企画課行政評価担当係
『葛飾区基本計画・葛飾区経営改革大綱』2006年
・葛飾区街づくり調整課街づくり調整担当
『葛飾区都市計画マスタープラン』2006年
・葛飾区企画課企画担当係
『葛飾区ユニバーサルデザイン推進指針』 2006年
・葛飾区福祉管理課企画係
『平成17年度ひとりぐらし高齢者実態調査報告書』 2006年
・葛飾図書館管理係
『葛飾区立図書館基本計画』 2006年
・葛飾図書館管理係
『中央図書館開設にあたっての基本的な考え方』 2006年
・葛飾区育成課計画担当係
『葛飾区子育て支援行動計画』 2007年
・葛飾区産業経済課消費生活センター
『葛飾区消費生活行政検討会報告書』 2007年
・葛飾区産業経済課経済企画係
『葛飾区地域産業活性化プラン』 2006年
・葛飾区
『葛飾区史』 1985年

【足立区】
・足立区総務部区政情報室
『数字で見る足立区』 2006年
・足立区政策経営部政策課

『足立区基本計画』 2005年
・足立区政策経営部政策課
『足立区基本構想』 2004年
・足立区都市計画課都市計画係
『足立区緑の基本計画』 2007年
・足立区教育政策課教育政策担当
『足立区教育基本計画』 2007年
・東京都足立区役所
『新修 足立区史』 1967年

【杉並区】

・杉並区民生活部管理課
『杉並区統計書』 2006年
・杉並区 『杉並区基本構想 杉並区21世紀ビジョン』 2000年
・杉並区 『杉並区まちづくり基本方針』 2002年
・杉並区 『新修杉並区史』 1982年

【港区】

・港区総合経営部企画課
『港区行政資料集』 2006年
・港区 『港区基本計画・実施計画』 2006年

【東京都】

・東京都総務局統計部
『東京都統計年鑑』 2007年
・東京都総務局統計部
『暮らしととうけい』 2007年

・東京都総務局統計部
『住民基本台帳による東京都の世帯と人口』 2007年
・東京都総務局統計部
『学校基本調査報告　平成19年度』 2007年
・東京都都市整備局
『第5回地域危険度測定調査結果』 2002年
・東京都財務局主計部財政課
『財政のあらまし』 2007年
・東京都都市整備局市街地建築部
『建築統計年報』 2006年
・東京都建設局公園緑地部
『公園調書』 2006年
・東京都教育庁総務部
『公立学校統計調査報告書（学校調査編）』 2007年
・東京都福祉局
『高齢者福祉施策区市町村単独事業一覧』 2006年
・東京都総務局統計部
『国勢調査東京都区市町村町丁別報告』 2002年
・東京都福祉局国民健康保険部
『国民健康保険事業状況』 2007年
・東京社会保険事務局
『国民年金事業統計』 2007年
・東京都総務局行政部
『市町村別決算状況』 2006年
・東京都福祉局総務部
『社会福祉統計年報』 2006年
・東京都総務局統計部
『事業所・企業統計調査報告』 2005年
・東京都総務局統計部
『事業所統計調査報告書』 2005年

・東京二十三区清掃協議会
『商業統計調査報告』　２００５年
・東京都総務局行政部
『清掃事業年報』　２００６年
・東京都総務局行政部
『特別区決算状況』　２００６年
・東京都都市計画局
『特別区公共施設状況調査結果』　２００６年
・東京都健康局総務部
『東京都の土地（土地関係資料集）』　２００６年
・東京都都市整備局
『東京都衛生年報』　２００６年
・東京都建設局道路管理部
『東京都都市整備局事業概要』　２００６年
・東京都総務局統計部経済統計課
『東京都道路現況調書』　２００６年
・東京都福祉保健局
『２００５年農林業センサス　東京都調査結果報告（確定値）』　２００６年
・警視庁総務部文書課
『東京都の医療施設』　２００７年
・警視庁交通部
『警視庁の統計』　２００７年
『警視庁交通年鑑』　２００６年

【その他】
・京成電鉄
『京成電鉄五十五年史』　１９６７年
・京成電鉄
『京成電鉄85年の歩み』　１９９６年
・京浜急行
『京浜急行80年史』　１９８０年

・都立大都市研究センター
『東京　成長と計画　１８６８—１９８８』　１９８８年
・葛飾区教育委員会
『葛飾区石仏調査報告』　１９８２年
・葛飾区教育委員会
『葛飾区板碑調査報告』　１９８５年
・山田昌弘
『新平等社会——「希望格差」を越えて』　文藝春秋　２００６年
『希望格差社会——「負け組」の絶望感が日本を引き裂く』筑摩書房　２００４年
・三浦展
『ファスト風土化する日本——郊外化とその病理』　洋泉社　２００４年
『下流同盟　格差社会とファスト風土』　朝日新聞社　２００６年
・佐藤俊樹
『不平等社会日本—さよなら総中流』　中央公論新社　２０００年
・アントニオ・ネグリ、マイケル・ハート
『帝国』　以文社　２００３年
『マルチチュード—〈帝国〉時代の戦争と民主主義』上下巻　日本放送出版協会　２００５年
・東浩紀、北田暁大
『東京から考える　格差・郊外・ナショナリズム』　日本放送出版協会　２００７年
【総務省】
・総務省統計局
『国勢調査報告』　２００６年
・総務省統計局
『消費者物価指数月報』　２００６年
【サイト】
・葛飾区公式サイト
http://www.city.katsushika.lg.jp/index.html
・かつしかＦＭ
http://www.kfm789.co.jp/

・特別区自治情報・交流センター　統計情報システム
http://www.research.tokyo-23city.or.jp/
・東京都の統計
http://www.toukei.metro.tokyo.jp/
・東京都福祉保健局
http://www.fukushihoken.metro.tokyo.jp/
・東京都都市整備局
http://www.toshiseibi.metro.tokyo.jp/
・東京都教育委員会
http://www.kyoiku.metro.tokyo.jp/
・平成 20 年度都立高等学校等募集案内
http://www.kyoiku.metro.tokyo.jp/pickup/p_gakko/20boshu.htm
・東京都公立図書館協議会
『東京都公立図書館調査』
http://www.library.metro.tokyo.jp/15/15710.html
・葛飾区市民活動支援センター
http://k-shimincenter.org/index.php
・東京二十三区清掃一部事務組合
http://tokyo23.seisou.or.jp/
・社団法人葛飾区シルバー人材センター
http://www.sjc.ne.jp/katsushikaku/index.html

このほか、路線の基本情報・乗降人員などの確認のために、各鉄道会社のホームページ等も参考にした。

●編者
昼間たかし
ルポライター。昭和50年、岡山県生まれ。
言論・表現の自由、地方の文化や忘れられた歴史などをテーマに取材する。近著に『コミックばかり読まないで』（イースト・プレス）、『これでいいのか東京都大田区』（共著、マイクロマガジン社）など。

地域批評シリーズ⑫　これでいいのか 東京都葛飾区
2016年7月13日　第1版　第1刷発行

編　者　昼間たかし
発行人　武内静夫
発行所　株式会社マイクロマガジン社
〒104-0041　東京都中央区新富1-3-7 ヨドコウビル
TEL 03-3206-1641　FAX 03-3551-1208（販売営業部）
TEL 03-3551-9564　FAX 03-3551-9565（編　集　部）
http://micromagazine.net/
編　集　高田泰治
装　丁　板東典子
イラスト　田川秀樹
協　力　㈱n3o
印　刷　図書印刷株式会社
※定価はカバーに記載してあります
※落丁・乱丁本はご面倒ですが小社営業部宛にご送付ください。送料は小社負担にてお取替えいたします

※本書の内容は2016年6月15日現在の状況で制作したものです

2016 Printed in Japan　ISBN　978-4-89637-573-2　C0195